"十四五"《纲要》新概念

——读懂"十四五"的100个关键词

中共中央党校（国家行政学院）经济学教研部　编写

韩保江　主编

人民出版社

序　言

用新发展理念统领建设社会主义
现代化国家新征程

发展理念是否对头，从根本上决定着发展成效乃至成败。党的十八大以来，我们党对经济形势进行科学判断，对经济社会发展提出了许多重大理论和理念，对发展理念和思路作出及时调整，其中新发展理念是最重要、最主要的，引导我国经济发展取得了历史性成就、发生了历史性变革。展望未来，实现"十四五"规划和 2035 年远景目标，必须继续毫不动摇地坚持新发展理念，把新发展理念作为引领中国经济高质量发展、建设现代化经济体系、构建新发展格局的"指挥棒、红绿灯"，用新发展理念统领全面建设社会主义现代化国家全过程。

一、新发展理念是被实践证明了的科学理论

习近平总书记指出："中国特色社会主义政治经济学只能在实践中丰富和发展，又要经受实践的检验，进而指导实践。"创新、协调、绿色、开放、共享五大新发展理念，作为习近平新时代中国特色社会主义经济思想的主要内容和中国特色社会主义政治经济学的最新成果，就是在党的十八大尤其是党的十八届五中

全会以来中国经济发展实践中形成发展并被新时代高质量发展实践检验并证明了的科学理论。党的十八以来，我国经济发展面临的国内外风险挑战严峻复杂。从国际上来看，世界正在经历百年未有之大变局，国际金融危机冲击后的世界经济陷入"新平庸"，国际贸易低迷、经济全球化遭遇逆流，贸易保护主义、单边主义盛行，我国经济发展的外部环境恶化。从国内来看，一方面，中国特色社会主义进入新时代，社会主义主要矛盾已经转化为人民日益增长的美好生活需要和不平衡不充分的发展之间的矛盾，中国经济发展由高速增长转向高质量发展阶段。另一方面，"大兵团"式的粗放发展方式难以为继，经济下行压力加大，产能过剩矛盾突出，工业品价格下降、金融风险隐患增多，中国经济进入"三期叠加"的十字路口。面对新时代新矛盾新问题，习近平总书记以马克思主义的深刻洞察力、敏锐判断力和理论创造力，深刻把握世界和中国发展大势，统筹中华民族伟大复兴战略全局和世界百年未有之大变局，创造性地提出并形成了以新发展理念为主要内容的习近平新时代中国特色社会主义经济思想。对此，习近平总书记指出：党的十八届五中全会提出要坚持创新、协调、绿色、开放、共享的发展理念。"这五大发展理念不是凭空得来的，是我们在深刻总结国内外发展经验教训的基础上形成的，也是在深刻分析国内外发展大势的基础上形成的，集中反映了我们党对经济社会发展规律认识的深化。"在过去的五年中，我们认真学习新发展理念，自觉把新发展理念作为引领经济高质量发展的"指挥棒"和"红绿灯"，从而使我国经济发展取得了历史性成就、发生了历史性变革。一是经济实力、科技实力、综合国力跃上新的大台阶，经济运行总体平稳，经济结构持续优化，2020 年国内生产总值突破 101.5 万亿元；二是脱贫攻坚成果举世瞩目，5575 万农村贫困人口实现脱贫，彻底解决困扰中华民族几千年的绝对贫困问题；三是粮食年产量连续五年稳定在 1.3 万亿斤以上，确保中国人的饭碗里主要装的是我们自己生产的粮食，响亮回答了世界上"谁来养活中国人"的疑问；四是污染防治力度加大，生态环境明显改善，2030 年"碳达峰"目标可期，为 2060 年实现"碳中和"打下坚实基础；五是开放发展取得新进展，共建"一带一路"成果丰硕，开放型经济新格局加快形成；六是人民生活水平显著提高，人均国内生产总值超过 1 万美元，高等教育进入普及化阶段，城镇新增就业超过 6000 万人，基本医疗保险覆盖超过 13 亿人，基本养老保险覆盖近 10 亿人，建成了世界上规模最大的社会保障体系，从而为人民过上美好生活提供了制度前提和基本保障。因此，党的十八大尤其是党的十八届五中全会以来我国高质量发展的成功实践，不仅充分证明了新发展理念蕴含规律性、科学性，而且充分展示了我们党的创新理论的真理伟力。

二、进入新阶段仍需要完成准确理解新发展理念的科学内涵

2021 年作为"十四五"开局之年，在即将完成全面建成小康社会这个"第一个百年"奋斗目标的基础上，正式开启了实现全面建成社会主义现代化国家这个"第二个百年"奋斗目标新征

程，进入了我们党带领人民迎来从站起来、富起来到强起来历史性跨越的新发展阶段。进入新发展阶段，我们要如期实现"第二个百年"奋斗目标，要求会更高，难度会更大，风险会更多。我们要战胜各种能够预见或不能够预见的艰难险阻，必须继续用习近平新时代中国特色社会主义思想武装头脑，更加完整、准确、全面贯彻新发展理念，深刻领悟新发展理念的核心要义，从而确保我国经济发展始终沿着正确的道路前进。

新发展理念，不仅指创新、协调、绿色、开放、共享几个词汇，更不是玄奥的概念，而是一个系统的理论体系，回答了关于发展的目的、动力、方式、路径等一系列理论和实践问题，阐明了我们党关于发展的政治立场、价值导向、发展模式、发展道路等重大政治问题。正像习近平总书记指出的，"创新发展注重的是解决发展动力问题。""把创新摆在第一位，是因为创新是引领发展的第一动力，发展动力决定发展速度、效能、可持续性。""抓住了创新，就抓住了牵动经济社会发展全局的'牛鼻子'。""协调发展注重的是解决发展不平衡问题。""协调既是发展手段又是发展目标，同时还是评价发展的标准和尺度，是发展两点论和重点论的统一，是发展短板和潜力的统一。""绿色发展注重的是解决人与自然和谐问题。""环境就是民生，青山就是美丽，蓝天也是幸福，绿水青山就是金山银山；保护环境就是保护生产力，改善环境就是发展生产力。""开放发展注重的是解决发展内外联动问题。""开放是国家繁荣发展的必由之路。""共享发展注重的是解决社会公平正义问题。""让广大人民群众共享改革发展成果，是社会主义的本质要求，是社会主义制度优越性的集中体现，是我们党全心全意为人民服务根本宗旨的重要体现。"因此，我们必须从根本宗旨上把握新发展理念。为人民谋幸福、为民族谋复兴，这既是我们党领导现代化建设的出发点和落脚点，也是新发展理念的"根"和"魂"。只有坚持以人民为中心的发展思想，坚持发展为了人民、发展依靠人民、发展成果由人民共享，才会有正确的发展观、现代化观。实现共同富裕不仅是经济问题，而且是关系党的执政基础的重大政治问题。要统筹考虑需要和可能，按照经济社会发展规律循序渐进，自觉主动解决地区差距、城乡差距、收入差距等问题，不断增强人民群众获得感、幸福感、安全感。"这方面问题解决好了，全体人民推动发展的积极性、主动性、创造性就会充分调动起来，国家发展也才能具有最深厚的伟力。"必须从问题导向把握新发展理念。我国发展已经站在新的历史起点上，要根据新发展阶段的新要求，坚持问题导向，更加精准地贯彻新发展理念，举措要更加精准务实，切实解决好发展不平衡不充分的问题，真正实现高质量发展。必须从忧患意识把握新发展理念。随着我国社会主要矛盾变化和国际力量对比深刻调整，必须增强忧患意识、坚持底线思维，随时准备应对更加复杂困难的局面。习近平总书记要求："要牢固树立安全发展理念，加快完善安全发展体制机制，补齐相关短板，维护产业链、供应链安全，积极做好防范化解重大风险工作。""要坚持政治安全、人民安全、国家利益至上有机统一，既要敢于斗争，也要善于斗争，全面做强自己"，从而进一步增强我们破解国内发展难题和赢得新一轮全方位国际竞争的实力。

三、用新发展理念统领建设社会主义现代化国家新征程

新发展理念是一个整体，坚持创新发展、协调发展、绿色发展、开放发展、共享发展，我们要统一思想、协调行动，自觉用新发展理念统领全面建设社会主义现代化国家全过程，切实把新发展理念内化到实现高质量发展、深化供给侧结构性改革、建设现代化经济体系、构架新发展格局等全面建成社会主义现代化国家的伟大实践中，真正做到"知行合一"。

第一，要把新发展理念转化成高质量发展的实际行动。习近平总书记指出，"高质量发展，就是能够很好满足人民日益增长的美好生活需要的发展，是体现新发展理念的发展，是创新成为第一动力、协调成为内生特点、绿色成为普遍形态、开放成为必由之路、共享成为根本目的的发展。"因此，从供给来看，要做到产业体系比较完整，生产组织方式网络化智能化，创新力、需求捕捉力、品牌影响力、核心竞争力强，产品和服务质量高。从需求来看，要不断满足人民群众个性化、多样化、不断升级的需求。这种需求又引领供给体系和结构的变化，供给变革又不断催生新的需求。从投入产出来看，要大力提高劳动效率、资本效率、土地效率、资源效率、环境效率，不断提升科技进步贡献率，不断提高全要素生产率。从分配来看，要做到投资有回报、企业有利润、员工有收入、政府有税收，并且充分反映各自按市场评价的贡献。从宏观经济循环看，要确保生产、流通、分配、消费循环畅通，国民经济重大比例关系和空间布局比较合理，经济发展比较平稳，不出现大的起落。

第二，要把新发展理念内化到深化供给侧结构性改革中。推进供给侧结构性改革，必须牢固树立创新发展理念，推动新技术、新产业、新业态蓬勃发展，为经济持续健康发展提供源源不断的内生动力。尤其要从生产端入手，重点促进产能过剩有效化解，促进产业优化重组，降低企业成本，发展战略性新兴产业和现代服务业，增加公共产品和服务供给，提高供给结构对需求结构的适应性和灵活性，简言之，就是去产能、去库存、去杠杆、降成本、补短板。

第三，把新发展理念内化到建设现代化经济体系之中。按照新发展理念要求建设现代化经济体，就是要建设创新引领、协同发展的产业体系，实现实体经济、科技创新、现代金融、人力资源协同发展；建设统一开放、竞争有序的市场体系，实现市场准入畅通、市场开放有序、市场竞争充分、市场秩序规范，加快形成企业自主经营公平竞争、消费者自由选择自主消费、商品和要素自由流动平等交换；建设体现效率、促进公平的收入分配体系，实现收入分配合理、社会公平正义、全体人民共同富裕，推进基本公共服务均等化，逐步缩小收入分配差距；建设彰显优势、协调联动的城乡区域发展体系，实现区域良性互动、城乡融合发展、陆海统筹整体优化，培育和发挥区域比较优势，加强区域优势互补，塑造区域协调发展新格局；建设资源节约、环境友好的绿色发展体系，实现绿色循环低碳发展、人与自然和谐共生，牢固树立和践行绿水青山就是金山银山理念，形成人与自然和谐发展现代化建设新格局；建设多元平衡、安全高效的全面开放体系，发展更高层次开放型经济；建设充分发挥市场作用、更好发挥政府作用的经济体制,实现市场机制有效、微观主体有活力、宏观调控有度。

第四,要把新发展理念内化到新发展格局的构建中。以新发展理念引领构建新发展格局,不仅要继续坚持深化供给侧结构性改革,全面优化升级产业结构,提升创新能力、竞争力和综合实力,增强供给体系的韧性,形成更高效率和更高质量的投入产出关系,而且要扭住扩大内需战略基点,建立扩大内需的有效制度,加快培育完整内需体系,加强需求侧管理,不断满足人民群众高品质生活需要,从而加快形成需求牵引供给、供给创造需求的高水平动态平衡,确保国民经济循环畅通。尤其要把科技自立自强作为国家发展的战略支撑,加强创新链和产业链对接。同时,要重视以国际循环提升国内大循环效率和水平,实行高水平对外开放,塑造我国参与国际合作和竞争新优势。习近平总书记指出,新发展格局"是事关全局的系统性深层次变革。要继续用足用好改革这个关键一招",进而"加强改革举措的系统集成、协同高效,打通淤点堵点,激发整体效应"。

中央党校(国家行政学院)

经济学教研部主任 韩保江

2021 年 3 月

目 录

| 第五篇 |

加快数字化发展　建设数字中国

| 第六篇 |

全面深化改革　构建高水平社会主义市场经济体制

| 第一篇 | **开启全面建设社会主义现代化国家新征程**

1 "三新"逻辑

　　"三新"，是《中华人民共和国国民经济和社会发展第十四个五年规划和 2035 年远景目标纲要》（以下简称"十四五"《纲要》）中蕴含的"进入新发展阶段、贯穿新发展理念、构建新发展格局"的思想逻辑的简称。习近平总书记在 2021 年 1 月 11 日中央党校（国家行政学院）省部级主要领导干部学习十九届五中全会精神专题研讨班开班式上发表的重要讲话中指出，进入新发展阶段、贯彻新发展理念、构建新发展格局，是由我国经济社会发展的理论逻辑、历史逻辑、现实逻辑决定的。进入新发展阶段明确了我国发展的历史方位，贯彻新发展理念明确了我国现代化建设的指导原则，构建新发展格局明确了我国经济现代化的路径选择。

　　新发展阶段，是指我国在全面建成小康社会、实现第一个百年奋斗目标之后，要乘势而上开启全面建设社会主义现代化国家新征程、向第二个百年奋斗目标进军，这标志着我国进入了一个新发展阶段。新发展阶段，是社会主义初级阶段中的一个阶段，同时是其中经过几十年积累、站到了新的起点上的一个阶段，也是我们党带领人民迎来从站起来、富起来到强起来历史性跨越的新阶段。经过新中国成立以来特别是改革开放 40 多年的不懈奋斗,我们已经拥有开启新征程、实现新的更高目标的雄厚物质基础。新中国成立不久,我们党就提出建设社会主义现代化国家的目标,未来 30 年将是我们完成这个历史宏愿的新发展阶段。我们已经明确了未来发展的路线图和时间表。这就是,到 2035 年,用 3 个五年规划期,基本实现社会主义现代化。然后,再用 3 个五年规划期,到本世纪中叶,把我国建成富强民主文明和谐美丽的社会主义现代化强国。

新发展理念是一个系统的理论体系,回答了关于发展的目的、动力、方式、路径等一系列理论和实践问题,阐明了我们党关于发展的政治立场、价值导向、发展模式、发展道路等重大政治问题。习近平总书记指出,全党必须完整、准确、全面贯彻新发展理念。一是从根本宗旨把握新发展理念。人民是我们党执政的最深厚基础和最大底气。为人民谋幸福、为民族谋复兴,这既是我们党领导现代化建设的出发点和落脚点,也是新发展理念的"根"和"魂"。只有坚持以人民为中心的发展思想,坚持发展为了人民、发展依靠人民、发展成果由人民共享,才会有正确的发展观、现代化观。二是从问题导向把握新发展理念。要根据新发展阶段的新要求,坚持问题导向,更加精准地贯彻新发展理念,举措要更加精准务实,切实解决好发展不平衡不充分的问题,真正实现高质量发展。三是从忧患意识把握新发展理念。随着我国社会主要矛盾变化和国际力量对比深刻调整,必须增强忧患意识、坚持底线思维,随时准备应对更加复杂困难的局面。

　　新发展格局，是相对于市场和资源"两头在外，大出大进"国际大循环传统发展模式而言的，指的是加快构建以国内大循环为主体、国内国际双循环相互促进的新发展格局。加快构建以国内大循环为主体、国内国际双循环相互促进的新发展格局，是"十四五"《纲要》提出的一项关系我国发展全局的重大战略任务。构建新发展格局的关键在于经济循环的畅通无阻。必须坚持深化供给侧结构性改革这条主线，继续完成"三去一降一补"的重要任务，全面优化升级产业结构，提升创新能力、竞争力和综合实力，增强供给体系的韧性，形成更高效率和更高质量的投入产出关系，实现经济在高水平上的动态平衡。构建新发展格局最本质的特征是实现高水平的自立自强，必须更强调自主创新，全面加强对科技创新的部署，集合优势资源，加强创新链和产业链对接。必须牢牢扭住扩大内需这个战略基点，加快建立起扩大内需的有效制度，释放内需潜力，加快培育完整内需体系，加强需求侧管理，扩大居民消费，提升消费层次，使建设超大规模的国内市场成为一个可持续的历史过程。构建新发展格局，实行高水平对外开放，必须具备强大的国内经济循环体系和稳固的基本盘。要塑造我国参与国际合作和竞争新优势，重视以国际循环提升国内大循环效率和水平，改善我国生产要素质量和配置水平，推动我国产业转型升级。新发展格局是事关全局的系统性深层次变革。要继续用足用好改革这个"关键一招"，要加快推进有利于提高资源配置效率的改革，有利于提高发展质量和效益的改革，有利于调动各方面积极性的改革，聚焦重点问题，加强改革举措的系统集成、协同高效，打通淤点堵点，激发整体效应。

总之，进入新发展阶段、贯彻新发展理念、构建新发展格局，是由我国经济社会发展的理论逻辑、历史逻辑、现实逻辑决定的，三者紧密关联，而且内在统一于高质量发展，即实现创新成为第一动力、协调成为内生特点、绿色成为普遍形态、开放成为必由之路、共享成为根本目的的发展，从而满足人民群众日益增长的高品质生活需要。

2 新"四个全面"战略布局

新"四个全面"战略布局，指的是党的十九届五中全会提出要协调推进的"全面建设社会主义现代化国家、全面深化改革、全面依法治国、全面从严治党的战略布局"，是从原来的"全面建成小康社会、全面深化改革、全面依法治国、全面从严治党的战略布局"调整而来的，是我国实现全面建成小康社会这"第一个百年"奋斗目标之后，全面开启建设社会主义现代化国家新征程进而实现"第二个百年"宏伟目标的重大战略安排。

回顾"四个全面"战略布局的形成过程，每一个"全面"提出的时间各不相同。**"全面建成小康社会"**，是 2012 年党的十八大正式提出的。这次大会将党的十六大提出的"全面建设小康社会"改成"全面建成小康社会"，提出到 2020 年"全面建成小康社会"的战略任务。**"全面深化改革"**，是 2013 年党的十八届三中全会提出的。这次全会通过了《中共中央关于全面深化改革若干问题的决定》，明确了全面深化改革的指导思想、目标任务、重大原则。**"全面依法治国"**，是 2014 年党的十八届四中全会提出的。这次全会第一次把法治建设作为中央全会的专门议题，对全面推进依法治国作出了全面的战略部署。**"全面从严治党"**，是 2014 年 10 月 8 日习近平总书记在群众路线教育实践活动总结大会上提出的。然而，把"全面建成小康社会""全面深化改革""全面依法治国""全面从严治党"集中归纳为"四个全面"是 2014 年 12 月习近平总书记在江苏调研时第一次明确提出的，强调要主动把握和积极适应经济发展新常态，协调推进全面建成小康社会、全面深化改革、全面推进依法治国、全面从严治党，推动改革开放和社会主义现代化建设迈上新台阶。2015 年 2 月，在省部级主要领导干部专题研讨班开班式上，习近平总书记又作了迄今最为明确的说明和界定，从此"四个全面"就成为以习近平同志为核心的党中央坚持和发展中国特色社会主义的全新"战略布局"。

　　进入新发展阶段，由"全面建设社会主义现代化国家"替换了"全面建成小康社会"的新"四个全面"战略布局，每一个"全面"是一个小系统，彼此之间相互依存、关联递进。"全面建设社会主义现代化国家"是奋斗目标，是进一步坚持和完善中国特色社会主义的根本指向；"全面深化改革"，即改革开放是决定当代中国命运的关键一招，也是决定实现"两个一百年"奋斗目标、实现中华民族伟大复兴的关键一招，为中国特色社会主义注入强大动力；"全面依法治国"是根本保障，为中国特色社会主义保驾护航；全面深化改革、全面依法治国如鸟之两翼、车之双轮，将更加有力地推动全面建成社会主义现代化这第二个百年奋斗目标如期实现；"全面从严治党"确保党始终成为中国特色社会主义事业的坚强领导核心，是我国经济社会进入新发展阶段能成功应对世界百年未有之大变局带来的各种挑战，始终做到波澜不惊、破浪前行的压舱石。

"十四五"《纲要》新概念

3 全面建设社会主义现代化国家新征程

全面建设社会主义现代化国家新征程，是党的十九大综合分析国际国内形势和我国发展条件作出的重大战略部署，提出从2020年到本世纪中叶全面建成社会主义现代化国家的"两个阶段"战略安排。一是从2020年到2035年，在全面建成小康社会的基础上，再奋斗十五年，基本实现社会主义现代化。到那时，我国经济实力、科技实力、综合国力将大幅跃升，跻身创新型国家前列；人民平等参与、平等发展权利得到充分保障，法治国家、法治政府、法治社会基本建成，各方面制度更加完善，国家治理体系和治理能力现代化基本实现；国民素质和社会文明程度达到新高度，国家文化软实力显著增强，中华文化影响更加广泛深入；人民生活更加美好，中等收入群体比例明显提高，城乡区域发展差距和居民生活水平差距显著缩小，基本公共服务均等化基本实现，全体人民共同富裕迈出坚实步伐；现代社会治理格局基本形成，社会充满活力又和谐有序；生态环境根本好转，美丽中国建设目标基本实现。二是从2035年到本世纪中叶，在基本实现现代化的基础上，再奋斗十五年，把我国建成富强民主文明和谐美丽的社会主义现代化强国。到那时，我国物质文明、政治

8

文明、精神文明、社会文明、生态文明将全面提升，实现国家治理体系和治理能力现代化，成为综合国力和国际影响力领先的国家，全体人民共同富裕基本实现，我国人民将享有更加幸福安康的生活，中华民族将以更加昂扬的姿态屹立于世界民族之林。

党的十九届五中全会围绕实现第一阶段基本实现现代化的目标要求，进一步提出了九大具体发展目标，即我国经济实力、科技实力、综合国力将大幅跃升，经济总量和城乡居民人均收入将再迈上新的大台阶，关键核心技术实现重大突破，进入创新型国家前列；基本实现新型工业化、信息化、城镇化、农业现代化，建成现代化经济体系；基本实现国家治理体系和治理能力现代化，人民平等参与、平等发展权利得到充分保障，基本建成法治国家、法治政府、法治社会；建成文化强国、教育强国、人才强国、体育强国、健康中国，国民素质和社会文明程度达到新高度，国家文化软实力显著增强；广泛形成绿色生产生活方式，碳排放达峰后稳中有降，生态环境根本好转，美丽中国建设目标基本实现；形成对外开放新格局，参与国际经济合作和竞争新优势明显增强；人均国内生产总值达到中等发达国家水平，中等收入群体显著扩大，基本公共服务实现均等化，城乡区域发展差距和居民生活水平差距显著缩小；平安中国建设达到更高水平，基本实现国防和军队现代化；人民生活更加美好，人的全面发展、全体人民共同富裕取得更为明显的实质性进展。总之，实现党的十九大提出的"两个阶段"中全面建设社会主义现代化国家这"第二个百年"远景目标的奋斗过程，就是全面建设社会主义现代化国家新征程。

4 重要战略机遇期

  党的十九届五中全会明确指出:"我国发展仍然处于重要战略机遇期"。这充分表明了我们"集中力量办好自己的事"的战略定力和我们"善于在危机中育先机、于变局中开新局"的强大能力。

  "重要战略机遇期"一词,最早是在 2002 年党的十六大提出来的,认为 21 世纪头二十年,对我国来说,是一个必须紧紧抓住并且可以大有作为的重要战略机遇期。战略机遇期是国际国内各种因素综合作用形成的,是指能为我国经济社会发展提供良好机会和境遇,并对国家的历史命运产生全局性、长远性、决定性影响的某一特定历史时期。

  习近平总书记指出:"我国发展仍然处于重要战略机遇期,但面临的国内外环境正在发生深刻复杂变化。我国有独特的政治优势、制度优势、发展优势和机遇优势,经济社会发展依然有诸多有利条件,我们完全有信心、有底气、有能力谱写'两大奇迹'新篇章。"从国际环境来看,世界正经历百年未有之大变局,一方面,新一轮科技革命和产业变革正在积聚力量,催生大量新产业、新业态、新模式,给全球发展和人类生产生活带来翻天覆地的变化。国际格局和力量对比正在加速演变，新兴市场国家和发展中国家群体性崛起态势日益清晰，在国际格局中的地位和影响力不断上升。另一方面，世界经济持续低迷，霸权主义、保护主义、单边主义盛行，全球产业链供应链面临冲击，全球化进程遭遇逆流。新冠肺炎疫情全球大流行使世界百年未有之大变局加速演变，世界进入动荡变革期。尽管如此，和平与发展仍然是时代主题，人类命运共同体的构建和形成仍是大势所趋，我们站在历史正确的一边。从国内环境来看，中国特色社会主义进入了新时代，我国已转向高质量发展阶段，制度优势显著，治理效能提升，经济长期向好，物质基础雄厚，人力资源丰富，市场空间广阔，发展韧性强劲，社会大局稳定，继续发展具有多方面优势和条件，我们具备了应对各种内外风险挑战并把控重要机遇期的能力。因此，我们要充满信心。

机遇在识，更在于用。用好重要战略机遇期，首先，必须高举习近平新时代中国特色社会主义思想的伟大旗帜，用新发展理念统领经济社会高质量发展全局。其次，要将创新摆到我国现代化建设全局中的核心地位，把科技自立自强作为国家发展的战略支撑，进一步增强应对国际竞争和挑战的"内功"。第三，要以全面扩大开放的姿态和行动去迎接世界经济政治格局的大变动，坚持多边主义和国际关系民主化，以开放、合作、共赢胸怀谋划发展，坚定不移推动经济全球化朝着开放、包容、普惠、平衡、共赢的方向发展，推动建设开放型世界经济。第四，继续全面深化改革，坚持和完善中国特色社会主义制度，推进国家治理体系和治理能力现代化，努力用制度优势化解各种风险。

5　统筹"两个大局"

"两个大局"，指的是"中华民族伟大复兴的战略全局"和"世界百年未有之大变局"。习近平总书记反复强调："领导干部要胸怀两个大局，一个是中华民族伟大复兴的战略全局，一个是世界百年未有之大变局，这是我们谋划工作的基本出发点。"党的十九届五中全会明确提出，"全党要统筹中华民族伟大复兴战略全局和世界百年未有之大变局"。

面向全面建设社会主义现代化国家新征程，是否善于统筹"两个大局"，是对各级党员干部政治能力的重大考验。学习贯彻党的十九届五中全会精神，就要牢牢把握统筹"两个大局"的时代要求，在统筹"两个大局"中不断增强辨别政治是非、保持政治定力、驾驭政治局面、防范政治风险的能力。

统筹"两个大局"，首先，要立足新发展阶段，不断强化战略机遇意识，提升政治判断力。党的十九届五中全会指出，当前和今后一个时期，我国发展仍然处于重要战略机遇期，但机遇和挑战都有新的发展变化。这是我们党对新发展阶段我国所面临形势的重大战略判断，要求广大党员干部必须不断提高政治敏锐性和政治鉴别力，练就一双政治慧眼，善于从政治上把方向、察大势、掌大局，做到政治上的主动。要科学把握形势变化，面对全球范围内各种思潮交流交融交锋更加频繁、不同发展道路和价值观念的对比较量更加突出局面，要着力增强"四个意识"、坚定"四个自信"、做到"两个维护"，做政治上的"明白人""老实人"，保持战略定力，办好自己的事。

其次，要着眼新发展理念强化政治责任，提升政治领悟力。统筹"两个大局"必须对党中央精神深入学习、融会贯通，对"国之大者"了然于胸，从而明确自己的职责定位，始终同以习近平同志为核心的党中央保持高度一致。要准确把握党中央战略意图，选准自己的定位，在落实新发展理念上有新作为，推动实现更高质量、更有效率、更加公平、更可持续、更为安全的发展。要自觉把讲政治贯穿于党性锻炼全过程，自觉站在党和国家大局上想问题、办事情，谋划事业发展、制定政策措施、培养干部人才、推动工作落实，都要着眼于我们党执政地位巩固和增强，着眼于党和人民事业发展。

最后，要在构建新发展格局中强化担当精神，提升政治执行力。"一分部署，九分落实"，新发展蓝图绘就后，关键是要以"抓铁有痕、踏石留印"的执行力将蓝图一步步变为现实。统筹"两个大局"，构建新发展格局是主战场。各级党员干部要深刻领会习近平总书记关于构建新发展格局是事关全局的系统性深层次变革的重要论述精神，在构建新发展格局中勇于探索、担当作为，直面问题，知责于心、履责于行。要经常同党中央精神对表对标，切实做到党中央提倡的坚决响应、党中央决定的坚决执行、党中央禁止的坚决不做，不折不扣抓好党中央精神的贯彻落实。

6 坚持以人民为中心的发展思想

坚持以人民为中心的发展思想，是党的十八届五中全会首次提出来的。习近平总书记指出："着力践行以人民为中心的发展思想。这是党的十八届五中全会首次提出来的，体现了我们党全心全意为人民服务的根本宗旨，体现了人民是推动发展的根本力量的唯物史观。""坚持以人民为中心的发展思想。发展为了人民，这是马克思主义政治经济学的根本立场。"我们党提出把增进人民福祉、促进人的全面发展、朝着共同富裕方向稳步前进作为经济发展的出发点和落脚点。这一点，我们任何时候都不能忘记，部署经济工作、制定经济政策、推动经济发展都要牢牢坚持这个根本立场。因此，坚持以人民为中心的发展思想，不仅是党的十九届五中全会继续强调并坚持的根本立场，而且是我国"十四五"时期经济社会发展必须遵循的原则。

坚持以人民为中心的发展思想，不是一个抽象的、玄奥的概念，不能只停留在口头上、止步于思想环节，而要体现在经济社会发展各个环节。一要坚持人民主体地位，顺应人民群众对美好生活的向往，不断实现好、维护好、发展好最广大人民的根本利益，做到发展为了人民、发展依靠人民、发展成果由人民共享。

二要通过深化改革、创新驱动，提高经济发展的质量和效益，生产出更多更好的物质精神产品，切实保护好生态环境，不断实现人民日益增长的美好生活需要。三要全面调动人的积极性、主动性、创造性，为各行业各方面的劳动者、企业家、创新人才、各级干部创造发挥作用的舞台和环境。四要坚持和完善社会主义基本经济制度，调整收入分配格局，完善以税收、社会保障、转移支付等为主要手段的再分配调节机制，维护社会公平正义，解决好收入差距问题，使发展成果更多更公平惠及全体人民。习近平总书记指出，当前，我国发展不平衡不充分问题仍然突出，城乡区域发展和收入分配差距较大，促进全体人民共同富裕是一项长期任务，但随着我国全面建成小康社会、开启全面建设社会主义现代化国家新征程，我们必须把促进全体人民共同富裕摆在更加重要的位置，脚踏实地，久久为功，向着这个目标更加积极有为地进行努力。为此，在"十四五"《纲要》中提出到2035年"全体人民共同富裕取得更为明显的实质性进展"，在改善人民生活品质部分突出强调了"扎实推动共同富裕"，提出了一些重要要求和重大举措。这样的表述，在党的全会文件中还是第一次，既指明了前进方向和奋斗目标，也是实事求是、符合发展规律的，兼顾了需要和可能，有利于在工作中积极稳妥把握，在促进全体人民共同富裕的道路上不断向前迈进。

7 实现高质量发展

实现高质量发展，是习近平总书记在党的十九大报告中首先提出的，是"十四五"《纲要》确立的发展主题。习近平总书记指出："'十四五'时期经济社会发展要以推动高质量发展为主题，这是根据我国发展阶段、发展环境、发展条件变化作出的科学判断。"实现高质量发展，是保持经济持续健康发展的必然要求；是适应我国社会主要矛盾变化和全面建成小康社会、全面建设社会主义现代化国家的必然要求；是遵循经济规律发展的必然要求。所谓高质量发展，就是能够很好满足人民日益增长的美好生活需要的发展，是体现新发展理念的发展，是创新成为第一动力、协调成为内生特点、绿色成为普遍形态、开放成为必由之路、共享成为根本目的的发展。

具体来讲，**从供给来看**，高质量发展应该实现产业体系比较完整，生产组织方式网络化智能化，创新力、需求捕捉力、品牌影响力、核心竞争力强，产品和服务质量高。**从需求来看**，高质量发展应该不断满足人民群众个性化、多样化、不断升级的需求，这种需求又引领供给体系和结构的变化，供给变革又不断催生新的需求。**从投入产出来看**，高质量发展应该不断提高劳动效率、资本效率、土地效率、资源效率、环境效率，不断提升科技进步贡献率，不断提高全要素生产率。**从分配来看**，高质量发展应该实现投资有回报、企业有利润、员工有收入、政府有税收，并且充分反映各自按市场评价的贡献。**从宏观经济循环来看**，高质量发展应该实现生产、流通、分配、消费循环畅通，国民经济重大比例关系和空间布局比较合理，经济发展比较平稳，不出现大的起落。更明确地说，高质量发展，就是从"有没有"转向"好不好"。

实现高质量发展，就要建设现代化经济体系，这是我国发展的战略目标。实现这一战略目标，必须牢牢把握高质量发展要求，坚持质量第一、效益优先；牢牢把握工作主线，坚定推进供给侧结构性改革，从生产端入手，促进产能过剩有效化解，促进产业优化重组，降低企业成本，发展战略性新兴产业和现代服务业，增加公共产品和服务供给；牢牢把握基本路径，推动质量变革、效率变革、动力变革；牢牢把握着力点，加快建设实体经济、科技创新、现代金融、人力资源协同发展的产业体系，使科技创新在实体经济发展中的贡献份额不断提高，现代金融服务实体经济的能力不断增强，人力资源支撑实体经济发展的作用不断优化；牢牢把握制度保障，构建市场机制有效、微观主体有活力、宏观调控有度的经济体制。尤其要加快形成推动高质量发展的指标体系、政策体系、标准体系、统计体系、绩效评价、政绩考核，创建和完善制度环境，推动我国经济在实现高质量发展上不断取得新进展。

8 建设现代化经济体系

建设现代化经济体系是习近平总书记在党的十九大报告首次提出的。他强调，建设现代化经济体系，是党中央从党和国家事业全局出发，着眼于实现"两个一百年"奋斗目标、顺应中国特色社会主义进入新时代的新要求作出的重大决策部署。

现代化经济体系，是由社会经济活动各个环节、各个层面、各个领域的相互关系和内在联系构成的一个有机整体。所谓建设现代化经济体系，包括建设创新引领、协同发展的产业体系，实现实体经济、科技创新、现代金融、人力资源协同发展，使科技创新在实体经济发展中的贡献份额不断提高，现代金融服务实体经济的能力不断增强，人力资源支撑实体经济发展的作用不断优化；建设统一开放、竞争有序的市场体系，实现市场准入畅通、市场开放有序、市场竞争充分、市场秩序规范，加快形成企业自主经营公平竞争、消费者自由选择自主消费、商品和要素自由流动平等交换的现代市场体系；建设体现效率、促进公平的收入分配体系，实现收入分配合理、社会公平正义、全体人民共同富裕，推进基本公共服务均等化，逐步缩小收入分配差距；建设彰显优势、协调联动的城乡区域发展体系，实现区域良性互动、城乡融合发展、陆海统筹整体优化，培育和发挥区域比较优势，加强区域优势互补，塑造区域协调发展新格局；建设资源节约、环境友好的绿色发展体系，实现绿色循环低碳发展、人与自然和谐共生，牢固树立和践行绿水青山就是金山银山理念，形成人与自然和谐发展现代化建设新格局；建设多元平衡、安全高效的全面开放体系，发展更高层次开放型经济，推动开放朝着优化结构、拓展深度、提高效益方向转变；建设充分发挥市场作用、更好发挥政府作用的经济体制，实现市场机制有效、微观主体有活力、宏观调控有度等"六个体系"和"一个体制"的具体内容。

　　建设现代化经济体系，是一个系统工程，必须做到点面结合，方能让这一体系真正动起来、活起来，为中华民族的伟大复兴提供源源不断的动力。一是要大力发展实体经济，筑牢现代化经济体系的坚实基础。二是要加快实施创新驱动发展战略，强化现代化经济体系的战略支撑，加强国家创新体系建设，强化战略科技力量，推动科技创新和经济社会发展深度融合，塑造更多依靠创新驱动、更多发挥先发优势的引领型发展。三是要积极推动城乡区域协调发展，优化现代化经济体系的空间布局，实施好区域协调发展战略。四是要着力发展开放型经济，提高现代化经济体系的国际竞争力，更好利用全球资源和市场。五是要深化经济体制改革，完善现代化经济体系的制度保障，加快完善社会主义市场经济体制，坚决破除各方面体制机制弊端，激发全社会创新创业活力。五方面工作各有侧重，相辅相成，为现代化经济体系的建设提供了有力的保证。

9 中国经济发展韧性

"韧性好",是习近平总书记针对中国经济进入"三期叠加"和换挡减速新常态下的中国经济运行特征而作出的重大判断。"经济韧性"是经济学借用物理学概念来描述一国或经济体受到危机冲击时显现的压而不跨、百折不挠的发展能力,是一国或经济体经济免疫力、发展潜力、制度效能、治理能力和经济竞争力的总和。

作为中国经济长期稳定向好坚实基础的"经济韧性"到底表现在哪里呢?第一,表现为"规模韧性"。这一韧性既来自新中国成立 70 多年尤其是改革开放 40 多年我国发展积累的巨大物质财富,又来自我国所拥有的超大人口资源、超大国土空间、超大国内市场、超大外汇储备、超强生产能力等显著优势的"超大规模优势"。第二,表现为"结构韧性"。这一韧性来自新中国成立特别是改革开放以来我们既坚持"独立自主、自力更生",又积极参与国际分工和国际合作,逐步建成工业门类齐全、一二三产业平衡的国民经济体系,从而形成支撑我国经济社会自主发展的全面供给能力。第三,表现为"能力韧性"。这一韧性来自近年来我们大力实施创新驱动发展战略,全方位推进科技创新、企业创新、产品创新、市场创新、品牌创新,加快科技成果向现实生产力转化，推动科技和经济紧密结合的过程中形成的自主创新能力。改革开放尤其是党的十八大以来，我们不断加大教育和研发投入，自主创新能力由跟跑、并跑，实现了部分领域的领跑，从而极大提高了我们应对发展环境变化和国际竞争的韧性和能力。第四，表现为"开放韧性"。这一韧性来自我国始终坚持对外开放的基本国策，积极推进"一带一路"和人类命运共同体建设，坚持引进来和走出去并重，加快形成陆海内外联动、东西双向互济的开放格局过程中获得"国际资源和国际市场"的能力。第五，表现为"制度韧性"。这一韧性来自改革开放以来我们党和人民探索创造的"公有制为主体、多种所有制经济共同发展，按劳分配为主体、多种分配方式并存，使市场在资源配置中起决定性作用、更好发挥政府作用的社会主义市场经济体制"等社会主义基本经济制度。它既不同于"苏联模式"和传统的社会主义经济制度，也不同于资本主义经济制度，是中国经济具有强大韧性的"制度根源"。第六，表现为"政策韧性"。这一韧性来自党的十八大以来我们始终坚持稳中求进的工作总基调，自觉实行"宏观政策要稳、产业政策要准、微观政策要活、改革政策要实、社会政策要托底"的"政策组合拳"，进而确保中国经济"稳中向好"的能力。第七，表现为"政治韧性"。这一韧性来自在中国经济发展过程中，始终坚持和加强党对经济工作的集中统一领导，从而确保中国经济始终沿着正确的发展方向，最大限度地聚集和调动发展资源，有力抵御风险并确保经济平稳发展的经济治理能力。这七大韧性相互关联，内在统一，共同构成了中国经济的强大韧性。

10 统筹发展和安全

党的十九届五中全会提出，要统筹发展和安全，建设更高水平的平安中国。这是以习近平同志为核心的党中央统筹中华民族伟大复兴战略全局和世界百年未有之大变局作出的工作部署，对于我国迈入新发展阶段、贯彻新发展理念、构建新发展格局，防范和化解影响我国现代化进程的各种风险，筑牢国家安全屏障具有重大意义。

习近平总书记指出："安全是发展的前提，发展是安全的保障"。安全和发展，犹如鸟之两翼、车之双轮，任何时候都不能偏废。一方面，国家安全是社会经济发展的前提。维护国家安全是全国各族人民根本利益之所在。我们党要巩固执政地位，要团结带领人民坚持和发展中国特色社会主义，保证国家安全是头等大事。短短几十年间，我国走完了发达国家几百年走过的工业化进程，建成了世界上最完备的工业体系，跃居世界第二大经济体，成为世界制造业第一大国、货物贸易第一大国、外汇储备第一大国，连续多年对世界经济增长贡献率达到30%左右。实践证明，"中国奇迹"和"中国之治"的基本前提在于国家安全与社会稳定。另一方面，发展是国家安全的基础。要维护国家安全，发展才是硬道理。历史和现实都告诉我们，关键核心技术是要不来、买不来、讨不来的。要从根本上维护我国安全，必须把科技自立自强作为国家发展的战略支撑，以实施科教兴国战略、人才强国战略、创新驱动发展战略的丰硕成果为有效维护国家安全提供有力的人才技术支撑。因此，我们既要运用发展成果夯实国家安全的实力基础，又要善于塑造有利于经济社会发展的安全环境。唯有发展和安全同步推进，方能行稳致远。

统筹发展和安全是一项系统工程。第一，要坚持党对国家安全工作的绝对领导，加强国家安全体系和能力建设。坚持党对国家安全工作的绝对领导，是做好国家安全工作的根本原则，是维护国家安全和社会稳定的根本保证。第二，要加强前瞻性思考，围绕发展和安全问题开展前瞻性、针对性、储备性研究，准确把握新阶段发展和安全的一系列带根本性方向性全局性重大问题。第三，要加强全局性谋划，对标新时代坚持和发展中国特色社会主义的总任务，聚焦新时代我国社会主要矛盾，把发展和安全贯穿社会主义现代化建设各领域、各方面。第四，要加强战略性布局，将发展和安全融入统筹推进经济建设、政治建设、文化建设、社会建设、生态文明建设的总体布局，融入协调推进全面建设社会主义现代化国家、全面深化改革、全面依法治国、全面从严治党的战略布局，实现相互促进、同频共振。第五，要加强整体性推进，坚持做到两点论和重点论的统一，讲究"十个指头弹钢琴"的艺术，推动发展和安全在重大战略、重大工程、重大项目中落地生根、开花结果。

11 坚持系统观念

　　坚持系统观念，是党的十九届五中全会提出的"十四五"时期经济社会发展必须遵循的原则之一。这在党的中央全会和党的重要文件中还是第一次，是党的十九届五中全会精神的一大亮点，是党的理论创新，是对习近平新时代中国特色社会主义思想方法论的丰富和发展。

　　系统观念是马克思主义哲学认识问题和解决问题的一个科学思想方法和工作方法。系统观念，坚持客观地而不是主观地、发展地而不是静止地、辩证地而不是形而上学地、全面地而不是片面地、系统地而不是零散地、普遍联系地而不是孤立地观察事物，这是马克思主义唯物辩证法的内在要求。我们党在各个历史阶段，始终坚持全面、系统、辩证地看问题、做决策、抓工作，将其作为重要思想方法和工作方法。从"统筹兼顾""十大关系""一个中心、两个基本点"到"三个代表""科学发展观"，都是系统思维和方法的集中体现和丰富发展。党的十八大以来，习近平总书记始终坚持系统思维，统筹推进"五位一体"总体布局、协调推进"四个全面"战略布局，统筹改革发展稳定、内政外交国防、治党治国治军、统筹稳增长、促改革、调结构、惠民生、防风险、保稳定，注重各领域改革的系统性、关联性，注重统筹新冠肺炎疫情防控和经济社会发展，推动党和国家事业取得了重大历史性成就。

加强前瞻性思考、全局性谋划、战略性布局、整体性推进，是党的十九届五中全会提出的坚持系统观念的重要内涵，对于全面建设社会主义现代化国家具有重大意义，为在实践中坚持系统观念指明了方向和路径。

前瞻性思考，立足百年未有之大变局和中华民族伟大复兴战略全局，增强机遇意识和风险意识，统筹谋划近期、中期和远期目标，未雨绸缪、主动作为，确保实现经济社会发展主要目标，实现经济行稳致远、社会安定和谐。全局性谋划，需要突出全局性，统筹国内国际两个大局、党和国家工作全局，坚持全国一盘棋，更好发挥中央、地方和各方面积极性，做好顶层设计，统筹全面建设社会主义现代化国家各领域各方面，坚持统筹推进经济建设、政治建设、文化建设、社会建设、生态文明建设总体布局，协调推进全面建设社会主义现代化国家、全面深化改革、全面依法治国、全面从严治党战略布局。战略性布局，紧盯实现奋斗目标的战略问题，以改革创新为根本动力，坚定不移贯彻新发展理念，坚持稳中求进工作总基调，推动高质量发展，深化供给侧结构性改革，推进国家治理体系和治理能力现代化。整体性推进，注重各项工作的关联性，增强政策配套和制度衔接，在统筹兼顾中实现协同发展，在扬长补短中提升整体效能，着力固根基、扬优势、补短板、强弱项，注重防范化解重大风险挑战，实现发展质量、结构、规模、速度、效益、安全的统一。

| 第二篇 | **坚持创新驱动发展　全面塑造发展新优势**

12 "四个面向"

"四个面向"是指面向世界科技前沿、面向经济主战场、面向国家重大需求、面向人民生命健康。2020年9月11日，习近平总书记在主持召开科学家座谈会上提出"四个面向"要求，同时指出，希望广大科学家和科技工作者肩负起历史责任，坚持面向世界科技前沿、面向经济主战场、面向国家重大需求、面向人民生命健康，不断向科学技术广度和深度进军。这为我国"十四五"时期以及更长一个时期推动创新驱动发展、加快科技创新指明了方向。

"四个面向"中，面向世界科技前沿是基础。这就意味着要勇于挑战最前沿的科学问题、创造更多原创成果；意味着要敏锐抓住科技革命新方向，抢占事关长远和全局的科技战略制高点；意味着要引领世界科技发展新方向、掌握新一轮全球科技竞争的战略主动权；意味着要加快实现从跟踪型研究向开创型、引领型研究转变，特别是需要加强从"0"到"1"的原创性研究。只有面向世界科技前沿，同时坚持自主创新，才能攀上世界科技高峰。

面向经济主战场，就要利用科技成果加快推动高质量发展，推动科技与经济深度融合。具体而言，一是要围绕产业链部署创新链，围绕创新链完善资金链，瞄准薄弱环节，加快构建高效协同的技术转移转化体系，打造有利于成果转化的生态环境。二是要着力从科技体制改革和经济社会领域改革两方面同步发力，改革国家科技创新战略规划和资源配置体制机制，完善政绩考核体系和激励政策，推动创新驱动发展战略落地生根。三是要不断完善产学研深度融合的技术创新体系，支持建设一批以企业为主体、以需求为导向的应用技术研发机构和专业化公共中试平台，构建起企业、高校、科研机构、行业协会、金融机构等多方共同参与的机制，推动形成创新主体有效参与、创新活动无缝衔接、创新功能配置完整的技术创新体系。

面向国家重大需求，就要坚持需求导向和问题导向。当前，我国经济社会发展、民生改善、国防建设等领域面临一些需要解决的短板和弱项，国家对战略科技支撑的需求比以往任何时期都更加迫切。要更加强化战略导向，强化政府在规划布局和重大任务凝练中的决策作用，发挥中国特色社会主义市场经济条件下的新型举国体制优势，瞄准人工智能、量子信息、集成电路、生命健康、脑科学、深地深海等前沿领域，实施一批具有前瞻性、战略性的国家重大科技项目。

面向人民生命健康，是中国共产党以人民为中心执政理念的生动体现。这就要更好地发挥科技的作用，让科技为人民生命健康保驾护航。科技工作面向人民生命健康，聚焦重大疾病防控、食品药品安全、人口老龄化等重大民生问题，大幅增加公共科技供给，让人民享有更宜居的生活环境、更好的医疗卫生服务、更放心的食品药品。

13 科技自立自强

　　科技自立自强是我国在新发展阶段面对复杂的国际形势，立足我国基本国情和全面建设现代化国家的需要，在新一轮科技革命和产业变革中赢得竞争优势和发展先机的战略选择。科技创新是支撑国家发展、保障国家安全的关键力量，关系到建设世界科技强国的进程和中华民族伟大复兴的顺利推进。在我国经济高质量发展的同时，仍面临很多"卡脖子"技术问题。在此背景下，我们必须把提高原始创新能力摆在更加突出的位置，努力实现更多"从0到1"的突破，勇闯"无人区"，抢占科技竞争的制高点。

　　自立和自强，紧密相连、互为因果、相互促进。自立，要求以我为主创造拥有自主知识产权的创新成果，强调科技创新的自主性、战略性和引领性。自强，要求注重自身创新能力建设，包括强大的人才队伍、雄厚的科研基础设施以及良好的创新生态。要不断提升科技创新能力，拥有更多的核心关键技术，并能形成强大产业优势和竞争实力。因此，科技自立自强，意味着一个国家自身要有强大的科技创新能力和创新基础，能够产出更多、更高质量的科学研究成果和技术创新成果，特别是更多、更好的原始创新成果；能够用强大的科技创新能力和创新成果支撑经济社会发展和保障国家安全，而不是依靠别国的科学研究和技术成果。

正确理解科技自立自强，要处理好自立自强和开放创新的关系。自立自强绝对不是关起门的独立创新，自立自强与开放合作不是对立关系，而是辩证统一的。改革开放40多年来，中国的科技创新从来都不是封闭式的，今后也不会关起门来自己搞创新，中国开放的大门不但不会关上，而且会越开越大。走开放创新之路，学习、吸收、借鉴全球科技成果，同时也向世界分享更多的中国科技成果，在维护国家安全的基础上拓宽国际科技创新合作广度和深度，为全球创新发展贡献中国智慧。

自立自强要夯实科技创新根基，强化基础研究，增强原始创新。习近平总书记在2020年9月11日科学家座谈会上讲到，我国面临的很多"卡脖子"技术问题，根子是基础理论研究跟不上，源头和底层的东西没有搞清楚。自立自强要打好关键核心技术攻坚战。充分发挥我国社会主义制度能够集中力量办大事的显著优势，构建中国特色社会主义市场条件下的新型举国体制，强化国家战略科技力量，构建创新联合体，实现创新链、产业链、资金链和人才链的深入融合，推动核心关键技术攻关。自立自强，要深化科技体制改革，激发人才创新动力和活力。优化国家科技规划体系和运行机制，改进科技项目组织管理方式，实行"揭榜挂帅"等制度。完善激发科技创新人才积极性的激励机制和约束机制，完善科技评价机制，优化科技奖励项目。深化国际科技交流合作，统筹国内国际两个大局，设立面向全球的科学研究基金，促进科技开放合作，用好国内国际两种资源，大力用好国际一流人才和科研团队。

14 新型举国体制

2015 年，习近平总书记在《关于〈中共中央关于制定国民经济和社会发展第十三个五年规划的建议〉的说明》中指出，在国家重大科技项目和重大创新领域，要"发挥市场经济条件下新型举国体制优势"。2019 年 2 月 20 日，习近平总书记在会见探月工程嫦娥四号任务参研参试人员代表时指出，这次嫦娥四号任务，坚持自主创新、协同创新、开放创新，实现人类航天器首次在月球背面巡视探测，率先在月背刻上了中国足迹，是探索建立新型举国体制的又一生动实践。

新型举国体制，是指在社会主义市场经济条件下在特定领域实现国家意志的一种特殊的制度安排，就是要强调充分发挥社会主义制度能够集中力量办大事的优势，形成关键核心技术攻坚体制，以体制创新为科技创新提供动力。核心是打造创新生态，构建融合协同创新体系。解决长期以来包括人才、资金、平台等在内的各类创新资源分散、低端重复等问题，形成"政产学研用金"一体化的攻关机制。这里的"新型"，区别于"传统"、计划经济条件下的举国体制，强调有效市场和有为政府有机结合。具体来说：一是集聚国家战略科技力量和各方社会资源共同攻克重大科技难题，体现为创新主体的多元化；二是充分发挥市场在资源配置中的决定性作用的基础上，调动各部门、各主体的积极性，强化中央与地方、军与民、高校科研院所与企业之间的分工合作，并要充分发挥我国强大市场规模对创新的拉动力，体现为资源配置的协同化；三是面向国家重大需求，明确哪些需求必须是靠举国体制完成的，哪些可以不需要。瞄准有限目标，使相关领域的国家优势力量集中或协调起来，聚焦于重大的科学问题和重大任务。

具体而言，一是要尊重科学规律、经济规律和市场规律，在充分发挥市场在资源配置中的决定性作用的前提下，更好发挥政府的作用，强化顶层设计和统筹协调。运用市场手段，充分发挥各类创新主体的能动性，揭榜挂帅，以重大需求为牵引推动国产化替代，打通从基础研究、应用研究、试验开发到生产和应用的通道，全链条布局联合攻关。二是要坚持有所为有所不为，举国体制不能解决所有问题。凝心聚力，补短板和锻长板并重，努力构建你中有我我中有你的科技创新局面。发挥既有技术优势，一方面要拉长长板，提升锻造一些"杀手锏"技术，进一步增强我国在高铁、电力装备、新能源、通信设备等领域的全产业链优势，拉紧国际产业链对我国的依存关系，形成对外方人为断供技术的强有力反制和威慑能力；另一方面要补齐短板，重中之重是在关系国家安全的领域和节点构建自主可控、安全可靠的国内技术供应体系，在关键时刻可以做到自我循环，确保在极端情况下经济正常运转。三是要坚持开放协同创新理念，集聚各方优势力量集中攻关。充分利用数字技术，创新研发模式，发挥产业部门或技术需求方的作用，实现各类创新主体的深度融合。

15 创新联合体

2018 年 7 月 13 日，习近平总书记在中央财经委员会第二次会议上明确指出，要推进产学研用一体化，支持龙头企业整合科研院所、高等院校力量，建立创新联合体，鼓励科研院所和科研人员进入企业，完善创新投入机制和科技金融政策。

党的十九届五中全会指出，推进产学研深度融合，支持企业牵头组建创新联合体，承担国家重大科技项目。这将极大激发企业科技创新的主动性和积极性，将进一步夯实企业创新主体地位，对于提升企业技术创新能力具有重要意义。

关键核心技术都是复杂综合性技术，其研发突破非一个创新主体能够承担，亦难凭现有各类创新组织与研发政策有效解决。如何有效组织研发力量创新突破，便成为"十四五"时期及未来践行创新驱动发展战略的根本要求，也是我国科技实力加速从量的积累迈向质的飞跃、从点的突破迈向系统能力提升的基本保障。

创新联合体，是不同创新主体进行协同联合创新的一种组织形式。以整个产业链为基础，以解决具体技术问题为出发点，通过设施共享、风险共担、资源共用，以及合理的利益分配机制，激发各类主体创新动力，相互协作、紧密衔接，有效提升技术协同攻关效率。创新联合体由来已久。例如为了夺回在半导体设计与制造工艺上的优势，美国政府 1987 年牵头成立了由 13 家企业组成的"半导体制造技术研究联合体"（SEMATECH），目的是通过集中研发、优势互补、减少重复浪费，达到研发成果共享。1995年 SEMATECH 帮助美国半导体产业重新夺回了世界第一的地位。

创新联合体应该由头部企业牵头，这是由创新联合体的使命和职能定位所决定的。要充分发挥头部领军企业的作用。依托头部领军企业的垂直整合能力，牵头组织创新联合体，通过重大科技项目带动，使大中小企业能提早介入基础研究和应用基础研究，大学和院所能够延伸参与应用研究和试验开发，实现基础研究、应用研究、试验开发和产业创新深度融合、相互促进，形成大规模兵团作战优势，从而不断突破产业关键核心技术。

在创新联合体发展中，应更好地发挥政府职能，相关部门应做好宏观调控和引导，以避免各创新联合体成员单位投入过多资源，进行重复研究与开发，减少不必要的体系内竞争。适时出台相关管理办法，明晰创新联合体的概念和认定管理办法；重点做好对创新联合体的引导和激励，对于他们在承担科研项目、税收优惠、知识产权保护、政策法规等方面，提供相应保障，同时引导各创新联合体内部探索更可行、更科学的成果、利益分享机制，推动创新联合体快速健康发展。对于运行较好的联合体，给予必要的专项支持，以增强各成员单位对组织的归属感，更好地与其他成员开展合作。

16 成果权益分享机制

成果权益分享机制，是指职务发明成果权益分享机制或职务科技成果权益分享机制。所谓职务科技成果，是指科研人员在岗状态下，或执行研究开发机构、高等院校和企业等单位的工作任务；或利用单位物质技术条件所完成的科技成果。国家设立的研发机构、高等院校是职务科技成果的集聚地，也是需要加快转移转化推动科技与经济社会深度融合的重地。他们的科技成果转化率低的原因很多，但缺乏明细的权属关系和合理的利益分配机制是重要原因。

近年来为了促进国家设立的研发机构和高等院校科技成果转移转化，对于职务发明，主要采取了两种激励机制：一是收益分享机制，二是权益分享机制。收益分享机制实行得比较快，例如转化转移收益全部留给单位，无须上缴国库；将职务发明成果转让收益奖励给科研人员和团队的比例提高到50%以上；对科研人员实施股权激励等。这些做法都极大地调动了科研人员创新的积极性以及推动成果转移转化的主动性，但依然存在收益分配范围确定难、知情权难以保障等实际困难。产权激励是最大的激励，成果权益分享机制就是要解决产权这个根本问题。分享成果权益，将有助于科技人员从源头上以及在科研活动全过程中都注重科技成果转化，提高科技成果转移转化成功率，减少职务发明的无效供给。

职务发明权属改革源于基层实践和政策试点。2016 年 1 月，西南交通大学在全国高校率先出台《西南交通大学专利管理规定》，规定了学校和发明人共享职务科技成果所有权的知识产权激励模式，即职务科技成果"混合所有制"；2016 年 11 月，中共中央办公厅、国务院办公厅印发了《关于实行以增加知识价值为导向分配政策的若干意见》，指出"探索赋予科研人员科技成果所有权或长期使用权"；2019 年 9 月，在北京、广东等地出台的文件中明确体现了科研院所实施职务发明"混合所有制"的精神。受到这一进程影响，我国《专利法》《促进科技成果转化法》《事业单位国有资产管理条例》等法律法规或者已经修订或者正在修订动议中。2020 年 5 月，科技部等 9 部门印发了《赋予科研人员职务科技成果所有权或长期使用权试点实施方案》，选择 40 家高等院校和科研机构开展试点。试点单位可赋予科研人员不低于 10 年的职务科技成果长期使用权，这一项突破性的制度，目的在于充分激发科研人员创新热情，更大程度上促进科技成果转化。虽然该实施方案主要针对试点单位进行，但是非试点科技型企业原则上可以参照执行。

17 揭榜挂帅

"揭榜挂帅"这一概念，最早出现在中央文件中是在2016年。2016年4月19日，习近平总书记在网络安全和信息化工作座谈会上指出，要在科研投入上集中力量办大事、积极推动核心技术成果转化，推动强强联合、协同攻关，探索组建产学研用联盟。可以探索搞揭榜挂帅，把需要的关键核心技术项目张出榜来，英雄不论出处，谁有本事谁就揭榜。2018年11月14日，工业和信息化部发布了《新一代人工智能产业创新重点任务揭榜工作方案》，吹响了揭榜挂帅机制实践落地的号角。此后上海、贵州、广东、山东等省市纷纷开展重点创新任务、重大科技项目"揭榜挂帅"工作。2020年政府工作报告也提出，实行重点项目攻关"揭榜挂帅"。

揭榜挂帅是对科技项目管理制度的重要改革，是重大科技任务组织实施机制的创新。揭榜，是一种重大科技项目实施主体的选择机制，在提出战略需求的基础上实施开放创新，运用赛马机制选择实施主体，以更加开放的方式选拔有能力、有担当的创新团队承担任务，破除"小圈子"，不论资排辈，能者上。挂帅，解决的是创新主体的权责利问题。压实责任，构建完善的科技创新项目考核机制，实现责权利相统一，激励和约束并重，助推重大科技攻关。

长期以来，国家科技项目主要采取组织专家编制指南、公开发布、竞争择优或定向委托的方式遴选承担团队。在项目形成、团队遴选、资金使用、考核评价等方面，存在战略目标聚焦不够，评价不科学、企业技术创新主体作用没有充分发挥、科研投入绩效不高等突出问题。因此，迫切需要加强需求导向和问题导向，创新科技项目管理机制，聚焦聚力，科学评价，助推攻克关键核心技术，实现更多"从0到1"的突破，提高国家科技项目的创新供给能力。

落实揭榜挂帅，需要配套改革。一是建立信任机制。开展基于信任的科学家负责制试点，赋予创新领军人才更大技术路线决定权和经费使用权，加快推进项目经费使用"包干制"试点，充分调动科技创新团队和专家的积极性。二是切实提高科技评价的科学性、客观性和实效性，构建以质量、贡献、绩效为核心的评价机制，推动科技成果评价的社会化、市场化和规范化。

18 科技伦理体系

进入 21 世纪以来，全球科技创新进入空前密集活跃时期，新一轮科技革命和产业变革深刻影响着人类的生活，正在重构全球创新版图和经济结构。但科学技术是一把"双刃剑"，它既有可能造福人类，也有可能摧毁人类的生存与发展秩序。人工智能、大数据、生物等新兴科技可能会影响到人民生命健康、公民隐私、生态环境、资源分配，从而引发社会风险和社会问题。科技伦理治理已经成为社会治理的重要内容，成为影响国家和社会安全与稳定的重要因素。

伦理是一种人际关系的价值准则和行为规范体系，科技伦理体系就是科技活动必须遵守的价值准则和行为规范体系。它一方面激励科研人员积极投身科研创新工作，把推动人类科技发展作为职业信仰与目标；另一方面要求科研人员以人类普遍遵循的道德准则和一般伦理约束为前提，不得开展可能挑战人类伦理安全与生存秩序的科技创新活动。

科技发展的根本宗旨是增进人民福祉。因此，健全科技伦理体系不是科技发展的桎梏，而是要为科技创新划定必要的伦理原则和价值底线。只有处理好科技创新与伦理道德的冲突，平衡好科技进步与科技向善的关系，才能确保所有科技创新都能够遵循"人是目的，而非手段"的终极价值观。健全科技伦理体系，不仅要明确科技活动必须遵守的价值准则，更重要的是把这些准则落实在行动中。以维护人民利益和国家安全为宗旨，通过各种制度、机制、监管和审查，评估各类科技工作的潜在风险，构建切实有效的科技伦理治理体系，确保科技发展安全、可靠、可控。引导科技工作者坚守学术操守和道德理念，把学问与人格、道德和社会责任融合在一起，既有崇高学术修养，又有高尚人格风范和社会责任意识。

2019 年 7 月 24 日，中央全面深化改革委员会第九次会议审议通过了《国家科技伦理委员会组建方案》。会议指出，组建国家科技伦理委员会，目的就是加强统筹规范和指导协调，推动构建覆盖全面、导向明确、规范有序、协调一致的科技伦理治理体系。会议要求抓紧完善制度规范，健全治理机制，强化伦理监管，细化相关法律法规和伦理审查规则，规范各类科学研究活动。

| 第三篇 | **加快发展现代产业体系
巩固壮大实体经济根基**

19 产业链现代化

2019 年 8 月 26 日，习近平总书记主持召开中央财经委员会第五次会议，会议研究了提升产业基础能力和产业链水平问题。习近平强调，要充分发挥集中力量办大事的制度优势和超大规模的市场优势，打好产业基础高级化、产业链现代化的攻坚战。"产业链现代化"一词，作为一场攻坚战部署，由此成为中央经济决策的重要议题。

什么是产业链和产业链现代化？产业链属于产业组织的范畴，通常指的是产业部门间或部门内基于技术、经济联系而形成的复杂"链式"关联关系，一般可以从价值链、企业链、供需链和空间链四个维度来理解，产业链涵盖了产品生产或服务提供全过程，包括原材料供给、技术投入与研发、中间品生产、终端产品制造乃至流通和消费等环节，是产业组织、生产过程和价值实现的统一。产业链现代化的实质是用当代科学技术和先进产业组织方式来武装、改造传统的产业链，使产业链具备高端链接能力、自主可控能力和领先于全球市场的竞争力水平。因此，产业链现代化是产业现代化的重要支撑，没有产业链的现代化，产业发展就难以形成持续竞争力。

　　产业链能否现代化，关乎我国产业能否向高端分工环节迈进。改革开放后，我国凭借低成本劳动力等诸多显著比较优势，迅速融入世界产业分工体系，构筑了世界最完整的现代工业体系，取得了世所罕见的经济奇迹。但总体来看也还存在不少"短板"，处于"微笑曲线"底部的加工组装环节比重仍然偏高，许多产业以加工贸易方式参与全球产业链分工。与此同时，关键核心技术缺失、产品附加值较低等问题亦十分突出。对产业链关键环节控制力不强，关键技术领域"卡脖子"问题凸显，由此难以把牢产品定价权。产业链现代化，是解决这些问题的关键之举。

　　要实现产业链现代化，提高产业链供应链稳定性和竞争力，需要更加注重补短板和锻长板。第一，要强化产业基础能力。产业基础能力涵盖范围较广，涉及底层技术、零部件和基础材料、高端基础设施、质量安排标准、政策效率环境、人才队伍建设等多要素，是产业发展的重要支撑和动力之源，直接决定了产业链水平的高低。第二，要强化科技创新对产业链的支撑。产业链迈向价值链中高端的关键是创新能力。很多产业链供应链，都需要科技提供解决方案，要为千千万万科技工作者和市场主体提供更好的激励，政府要责无旁贷地创造良好环境、提供基础条件，发挥好组织协调作用。第三，强化产业链关键环节的控制力。提升产业链关键环节控制力的重点是以企业为主体，激发、弘扬和保护企业家精神，用好市场机制实现技术研发的产业化过程，增强产业关键环节、关键领域、关键产品的保障能力。

20 战略性新兴产业

自 2008 年席卷全世界的金融危机发生后，宏观经济下行压力加大，我国传统产业普遍面临外需疲软问题，经济运行中的结构性问题凸显。发展新兴战略性产业，既立足当前，成为当时面对复杂严峻经济形势的重大战略决策；又着眼长远，成为我国产业结构实现重大转变的战略应对之举。从全球范围来看，发展战略性新兴产业也已成为世界主要国家抢占新一轮经济和科技发展制高点的重大战略。

什么是战略性新兴产业？可以从两个维度来理解其具体范畴。一个维度是其战略和全局意义。从这个角度看，指的是以重大技术突破和重大发展需求为基础，对经济社会全局和长远发展具有重大引领带动作用，成长潜力巨大的产业。另一个维度是其引领性的新方向，从这个角度看，它代表着科技创新的方向，也代表着产业发展的方向，指的是具有知识技术密集、科技含量高、物质资源消耗少、市场潜力大、带动能力强、综合效益好的新兴产业。

战略性新兴产业是引领国家未来发展的重要决定性力量。早在 2010 年 10 月国务院下发的《国务院关于加快培育和发展战略性新兴产业的决定》，就已经明确将节能环保、新一代信息技术、生物、高端装备制造、新能源、新材料、新能源汽车七大产业作为战略性新兴产业。2012 年和 2016 年，国务院分别印发了"十二五"和"十三五"国家战略性新兴产业发展规划。"十四五"《纲要》提出，"聚焦新一代信息技术、生物技术、新能源、新材料、高端装备、新能源汽车、绿色环保以及航空航天、海洋装备等战略性新兴产业"，进一步明确了"十四五"时期发展壮大战略性新兴产业的方向和重点领域。

培育和发展战略性新兴产业，是促进产业结构优化升级、抢占国际科技竞争制高点、提高经济综合竞争力的关键举措。第一，加快战略性新兴产业发展，特别需要加强知识产权保护和监管，这是产业发展的底层逻辑，要建立自主知识产权创新激励机制，健全科研成果转化机制，促进创新成果市场化开发和应用。第二，加快战略性新兴产业发展，要充分利用好互联网、大数据、人工智能等数字化"利器"，培育新技术、新产品、新业态、新模式，特别是加强工业互联网的应用。第三，战略性新兴产业要实现集群式发展。集群是产业集聚发展和分工深化的一种高级形式，有助于降低交易成本。战略性新兴产业发展，也要围绕主导产业构建集群，高度集聚支撑创新的各类要素，打造有利于集群式发展的创新平台，形成完整的产业生态体系。第四，发展战略性新兴产业，要根据各地资源禀赋和比较优势优化生产力空间布局，引导地方政府和企业理性投资，纠正一些地方政府不当干预微观经济行为，鼓励企业兼并重组，避免同质化、无序竞争以及"一哄而上"的低水平重复建设。

21 先进制造业集群

    2017 年 10 月 18 日，习近平总书记在党的十九大报告中强调，促进我国产业迈向全球价值链中高端，培育若干世界级先进制造业集群。这一重要论述，为我国产业发展指明了前进方向。先进制造业集群是制造业高质量发展的体现，也是产业迈向全球价值链中高端的必由之路。从其经济本质来看，先进制造业集群属于产业集群的范畴。

    产业经济学视角下的产业集群，指的是生产同类产品或提供同类服务的产业，以生产需求为导向，基于技术联系和生产链供应链关系，在一定空间范围内形成的企业集合发展状态。产业集群化发展最突出的优势在于其集聚效应和规模（范围）经济，因而有助于集群内企业降低交易对象发现、合约履行、市场信息搜寻等市场交易成本。与传统的分散产业组织相比，产业集群化发展，使得产业内的企业能够快速对市场变化、创新机会和需求波动作出灵活反映，有利于企业间形成一种竞争合作效应，更有利于激发创新活力、推动企业技术创新、组织创新和制度创新。

    先进制造业集群，顾名思义是指先进制造领域具有密切经济和技术联系的生产制造企业、科学研究机构、制造业服务企业等形成的网络化产业组织形态，是先进制造业高质量发展的一种重要和高级组织形式。所谓"先进"，不仅体现在具体产业表现形态上，还体现在集群的内生创新能力方面。我国也拥有大量的传统产业集群，但普遍出现规模大、小企业多、企业之间联系弱、创新缺乏等特征，生产方式相对落后。中央提出培育先进制造业集群，并非单纯的规模导向，而是重在形成创新资源集聚、创新更为活跃的集聚发展局面。

培育先进制造业集群，需要有为政府和有效市场的共同支撑。一是财政体系和市场化基金的有效支持。产业集群优势具有一定的公共物品性质，必须有相应的公共财政投入支撑。中央财政已经通过各类政府投资基金，加强了对先进制造业发展的引导和支持，比如财政部已支持设立了国家制造业转型升级基金、国家集成电路产业投资基金、国家战略性新兴产业创业投资引导基金等，以市场化方式助推先进制造业集群发展。二是创新支撑与人才体系建设。涉及行业关键共性技术的研发，构建国家层面的制造业创新中心，加强知识产权保护，从体制机制上形成解决共性问题的强大合力。在人才体系建设方面，不仅要在高端芯片与软件、智能科技、新材料、先进制造和国家安全等关键领域进行教育改革，还要提供有效的科研人员市场化导向的激励机制。三是构筑集群内创新生态系统和协同创新网络。在产业集群内，形成包括核心企业、大专院校、科研机构在内的高效创新生态系统，优化体制机制，使得创新要素更容易自由流动，有效促进产业协同创新。政府要支持产业集群内的公共服务设施和体系建设，在平台建设、人力资本储备等方面给予政策性支持，降低产业的创新试错成本。

22 共享经济与平台经济

随着互联网、大数据和人工智能的普及应用，共享经济和平台经济形式如雨后春笋般在我国蓬勃发展，对交通出行、批发零售、医疗服务、金融服务等关系到生产生活的各领域产生了重大影响。作为一种全新的资源配置模式，它们集中体现了理念创新、技术创新、模式创新和制度创新。"共享经济"和"平台经济"分别于 2016 年和 2018 年被首次写入政府工作报告。

那么，什么是共享经济和平台经济？共享经济，指的是拥有闲置资源的机构或个人，将资源使用权有偿让渡给他人，通过分享使用闲置资源而创造价值的一种经济模式。平台经济，指的是依托各种物理或虚拟平台进行交易的一种商业模式。严格来说，平台经济并不是新鲜事物，比如信用卡机构实际上也提供了一个交易平台。只是随着更多虚拟化特别是电子化平台出现，平台接入了更多的基于数据驱动和网络协同的经济活动，近年来对居民生活的影响更为深刻。

在数字经济时代，闲置资源使用权的让渡往往又通过各种平台进行，形成了共享经济和平台经济交织的"共享经济平台"现象。一般来看，共享经济既有佣金收入，又有传统的营业收入模式。平台经济的主要特征则是"撮合交易"，以赚取供给和需求交易中的佣金为主。因而，两者是既有联系又有区别的一对概念。

无论是共享经济还是平台经济，作为新生事物都有其两面性。从经济学视角来看，共享经济则具有准公共品的属性，平台能够帮助参与其中的个人和企业实现价值共创的最大化，有助于完善市场经济的信用基础。而平台经济具有一种"交叉外部性"的特殊性质：一边终端用户的规模会显著影响另一边终端用户使用该平台的效用或价值。因而，共享和平台经济的发展，在现实中普遍呈现网络化和规模化发展，其好处是降低了市场交易成本，有利于生产者和消费者的福利改善。与此同时，也可能由于平台规模过大而出现滥用市场支配地位的情形，比如出现限定商家或消费者在竞争性平台间进行"二选一"、"大数据杀熟"、排他性独家交易限制、与其指定的经营者进行交易等违背公平竞争的行为，需要政府进行有效的监管和约束。

实现共享和平台经济规范化有序化发展，需要在制度引导下不断推动模式创新，也需要相应的监管机制创新。一是要明确新模式下共享平台的责任边界，认识新商业模式中可能存在的风险，引导平台建立健全信用机制，将共享和平台经济建立在供需双方彼此信赖的基础上。二是要防止资本主导下的共享和平台经济演化为"新型中介模式"。在推进有助于共享和平台经济发展制度创新的同时，也要加大对新生事物的监管力度，为其发展营造良好的政策环境。三是要积极引导社会资本对共享平台经济的理性投资，以避免资本无序竞争带来的过剩和泡沫现象。

23 能源革命

随着经济快速发展，能源资源和生态环境面临的约束日益成为传统经济发展模式的一大制约。近年来，我国一直努力推动能源利用从"粗放式"向"集约式"变革。2012年，党的十八大报告提出"推动能源生产和消费革命"，首次以"革命"定义能源发展政策导向。2014年6月，习近平总书记在中央财经领导小组第六次会议上的重要讲话，进一步对"能源革命"进行了全方位阐释，提出的推动能源消费革命、能源供给革命、能源技术革命、能源体制革命和全方位加强国际合作等重大战略构想，为我国能源开发、利用以及体制改革等指明了方向。

我国是世界上最大的能源生产国和消费国，特别是从能源消费结构来看，煤炭等一次性能源消费依然占据我国能源消耗总量的主导地位。总体来看，我国面临着能源需求压力巨大、能源供给体制性制约较多、能源技术水平总体落后等诸多挑战。大面积持续性雾霾等环境污染事件集中出现，生态环境损害严重，我们为此付出了沉重代价。考虑到中远期实现"碳达峰"和"碳中和"目标任务，能源生产和消费也到了必须进行"革命"的关键期。中央把"能源革命"作为国家长期战略，是应对能源供需格局新变化、实现由高耗能向低碳绿色发展方式转变、顺应国际能源发展新趋势、保障国家能源安全的关键之举，也是适应我国经济结构变化的题中应有之义。

能源消费革命、供给革命、技术革命、体制革命，是构建我国未来能源发展的基础政策框架。

一方面，要处理好能源供给与能源消费的关系。在相当长一段时间内，我国对能源消费持有"保供给"的思路，在保供应的同时一定程度上忽略了能源消费结构和消费经济性。未来，能源供应将呈现从紧态势，能源供应体系也将更加多元化，从国内角度看主要是大力发展清洁能源和可再生能源，降低对煤炭的过度依赖，使能源结构向清洁、低碳方向发展。从国际角度看则主要是加强能源交流，形成多元供应体系。在能源的消费上，则把能源作为经济发展的硬约束，通过控制总量引导能源消费革命，抑制不合理、低效率的能源消费。

另一方面，要强化能源技术革命和能源体制革命。当前清洁可再生能源开发使用是优化能源消费结构的重要举措，但其供给成本因技术原因仍高居不下，难以形成对传统能源的比较成本优势。降低新能源的技术成本，迫切需要能源技术的革命。传统能源的依赖，在很大程度上也是能源体制问题，我国对电价、天然气等能源价格实行管制，相对较低的管制价为扩大能源消费提供了激励，市场在资源配置中的作用得不到有效发挥。从能源体制革命角度来看，需要还原能源商品属性，构建有效竞争的市场结构和体系，形成主要由市场决定能源价格的机制。

| 第四篇 | **形成强大国内市场**
构建新发展格局

24 坚持扩大内需战略基点

　　"内需"为内部需求的简称，这里的"内部"，一般是指一个国家或地区的疆域范围之内。

　　"需求"这个概念，有两个要点：一是愿意购买某个具体商品；二是能够购买这种商品，也就是说购买者具有支付能力，钱包里的钱能够支付得起。这二者缺一不可。当千千万万的购买者需求累加在一起进行核算时，就构成一个经济体的总需求。因此，"国内需求"就是指一个国家或地区的民众愿意购买并且能够支付的商品价值总和，一般包括消费需求和投资需求。其中，出口需求又叫国外需求。国内需求加上国外需求，就是一个国家或地区的总需求。

　　"坚持扩大内需战略基点"的意思即为，把扩大国内市场的消费需求和投资需求作为拉动经济增长的根本力量。关于扩大内需战略，是我国在实行社会主义市场经济体制之后，对经济增长主要采取宏观调控的手段。

　　习近平总书记对扩大内需作出分析，是在 2013 年的中央经济工作会议上，当时他对新常态下中国经济呈现出的九个趋势性特征，关于消费需求和投资需求分别作了阐释，并提出"使消费继续在推动经济发展中发挥基础作用","使投资继续对经济发展发挥关键作用"。2020年春季,中国遭受了新冠肺炎疫情的严重冲击,当时一季度GDP增长为-6.8%,加上中美贸易摩擦等因素,扩大内需就成了提振中国经济的战略选择。

2020年2月,习近平总书记在《统筹推进新冠肺炎疫情防控和经济社会发展工作部署会议上的讲话》明确提出:"要积极扩大国内有效需求。"2020年6月,他又强调:"要把握扩大内需这一战略基点,以供给侧结构性改革为主线,着力打通生产、分配、流通、消费各个环节。"

党的十九届五中全会明确指出:"坚持扩大内需这个战略基点,加快培育完整内需体系,把实施扩大内需战略同深化供给侧结构性改革有机结合起来,以创新驱动、高质量供给引领和创造需求。"2020年12月召开的中央经济工作会议进一步强调,要"坚持扩大内需这个战略基点。形成强大国内市场是构建新发展格局的重要支撑,必须在合理引导消费、储蓄、投资等方面进行有效制度安排"。

扩大内需的政策措施有:一是把扩大消费同改善人民生活品质结合起来。有序取消一些行政性限制消费购买的规定,充分挖掘县乡消费潜力。二是完善职业技术教育体系,实现更加充分更高质量就业。合理增加公共消费,提高教育、医疗、养老、育幼等公共服务支出效率。三是增强投资增长后劲,继续发挥关键作用。发挥中央预算内投资在外溢性强、社会效益高领域的引导和撬动作用。四是激发全社会投资活力。大力发展数字经济,加大新型基础设施投资力度。五是扩大制造业设备更新和技术改造投资。

25 坚持供给侧结构性改革战略方向

　　"供给侧结构性改革"这一范畴，是习近平总书记在 2015 年 11 月 10 日召开的中央财经领导小组会议上首次提出来的。此后，在当年 12 月召开的中央经济工作会议上，他又对这一范畴作出了详细阐释和论述，提出："推进供给侧结构性改革，是适应和引领经济发展新常态的重大创新，是适应国际金融危机发生后综合国力竞争新形势的主动选择，是适应我国经济发展新常态的必然要求。"

　　2016 年 1 月，习近平总书记在重庆调研时进一步指出："当前和今后一个时期，制约我国经济发展的因素，供给和需求两侧都有，但矛盾的主要方面在供给侧。要加大供给侧结构性改革力度，重点是促进产能过剩有效化解，促进产业优化重组，降低企业成本，发展战略性新兴产业和现代服务业，增加公共产品和服务供给，着力提高供给体系质量和效益，更好满足人民需要，推动我国社会生产力水平实现整体跃升，增强经济持续增长动力。"

　　具体来看，供给侧结构性改革，即从提高供给质量出发，用改革的办法推进结构调整，矫正要素配置扭曲，扩大有效供给，提高供给结构对需求变化的适应性和灵活性，提高全要素生产率，更好满足广大人民群众的需要，促进经济社会持续健康发展。准确把握供给侧结构性改革的深刻内涵，需要把握"供给侧""结构性""改革"三大关键点。

"供给侧"是指经济发展的生产端。供给和需求是市场经济内在关系的两个基本方面。供给管理和需求管理是对市场经济运行进行宏观管理的两种基本方法，目的是保持社会总供给和社会总需求在总量和结构上达到基本平衡，从而促进经济持续健康发展。"结构性"是指供给侧的矛盾主要是"结构"而非"总量"。"改革"是指解决供给侧结构性矛盾的途径是深化改革。经济运行之所以出现供给侧和结构性问题，根本原因是存在体制机制障碍，市场在配置资源中的决定性作用发挥不充分，政府干预过多。解决这些问题，必须依靠改革创新。

坚持供给侧结构性改革战略方向，总的要求是"巩固、增强、提升、畅通"八字方针。第一，巩固"三去一降一补"成果，推动更多产能过剩行业加快出清，降低全社会各类营商成本，加大基础设施等领域补短板力度。第二，增强微观主体活力，发挥企业和企业家主观能动性，建立公平开放透明的市场规则和法治化营商环境，促进正向激励和优胜劣汰，发展更多优质企业。第三，提升产业链水平，注重利用技术创新和规模效应形成新的竞争优势，培育和发展新的产业集群。第四，畅通国民经济循环，加快建设统一开放、竞争有序的现代市场体系，提高金融体系服务实体经济能力，形成国内市场和生产主体、经济增长和就业扩大、金融和实体经济良性循环。

26 以国内大循环为主体

构建以国内大循环为主体、国内国际双循环相互促进的新发展格局，最早可追溯到 2020 年 4 月 10 日，是习近平总书记在中央财经委员会第七次会议上提出来的。这篇名为《国家中长期经济社会发展战略若干重大问题》的重要讲话，发表在 2020 年第 21 期的《求是》杂志上。

在该篇讲话中，习近平总书记着重指出，国内循环越顺畅，越能形成对全球资源要素的引力场，越有利于构建以国内大循环为主体、国内国际双循环相互促进的新发展格局，越有利于形成参与国际竞争和合作新优势。

2020 年 5 月 23 日，习近平总书记在参加全国政协十三届三次会议经济界委员联组会上明确指出，要着力打通生产、分配、流通、消费各个环节，逐步形成以国内大循环为主体、国内国际循环相互促进的新发展格局。

经济学理论研究表明，大国经济的重要特征，就是必须实现国内可循环，同时支撑并带动国际循环。国内循环可以分为实物循环和资金循环，而实物循环包括生产、分配、流通和消费四个环节，其中打通资金循环是畅通国内大循环的关键。而国际循环包括对外贸易和资本流动两个子循环，国内循环加上国际循环就是我们所讲的"双循环"。当然，中央所提出的"双循环"并不是封闭的国内单循环，而是开放的国内国际大循环。

为什么要以国内大循环为主体？这是因为当今世界正经历百年未有之大变局，新一轮科技革命和产业变革蓬勃兴起。以前，在经济全球化深入发展的外部环境下，市场和资源"两头在外"对我国快速发展发挥了重要作用。在当前保护主义上升、世界经济低迷、全球市场萎缩的外部环境下，我们必须充分发挥国内超大规模市场优势，通过繁荣国内经济、畅通国内大循环为我国经济发展增添动力，带动世界经济复苏。

根据党的十九届五中全会精神，构建以国内大循环为主体的政策举措有：第一，依托强大国内市场，贯通生产、分配、流通、消费各环节，打破行业垄断和地方保护，形成国民经济良性循环。第二，优化供给结构，改善供给质量，提升供给体系对国内需求的适配性。推动金融、房地产同实体经济均衡发展，实现上下游、产供销有效衔接，促进农业、制造业、服务业、能源资源等产业门类关系协调。第三，破除妨碍生产要素市场化配置和商品服务流通的体制机制障碍，降低全社会交易成本。第四，完善扩大内需的政策支撑体系，形成需求牵引供给、供给创造需求的更高水平动态平衡。

27 国内国际双循环相互促进

2020 年 8 月 24 日，习近平总书记在经济社会领域专家座谈会上指出："新发展格局决不是封闭的国内循环，而是开放的国内国际双循环。"以国内大循环为主体并不排斥国际大循环，而是国内国际双循环相互促进。当然，从国内大循环与国内国际双循环的关系看，国内循环是基础，两者是统一体。

从国内大循环与国内国际双循环的关系来看，国内循环是基础，两者是统一体。国际市场是国内市场的延伸，国内大循环为国内国际双循环提供坚实基础。发挥我国超大规模市场优势，将为世界各国提供更加广阔的市场机会，依托国内大循环吸引全球商品和资源要素，打造我国新的国际合作和竞争优势。

国内大循环绝不是自我封闭、自给自足，也不是各地区的小循环，更不可能什么都自己做，放弃国际分工与合作。因此，习近平总书记强调，要坚持开放合作的双循环，通过强化开放合作，更加紧密地同世界经济联系互动，提升国内大循环的效率和水平。

为什么要"国内国际双循环相互促进"，这是因为中国经济能发展到今天，与改革开放之初加入国际大循环有很大的关联，尤其是中国加入世界贸易组织，推动了中国经济的高速增长，提高了中国经济在全球产业链中的地位和影响力。自 2000 年以来，新一轮科技革命和产业变革加速发展，世界贸易和产业分工格局发生重大调整，国际力量对比呈现趋势性变迁。

现有研究表明，全球价值链的出现推动国际分工深化和协调产业转移，并推动 GVC 贸易的快速发展。虽然 2008 年国际金融危机后，全球市场收缩，世界经济陷入持续低迷，国际经济大循环动能弱化。但是，国际市场是国内市场的延伸，国内大循环为国内国际双循环提供坚实基础。可以说，推动双循环必须坚持实施更大范围、更宽领域、更深层次的对外开放。

如何实现国内国际双循环相互促进？根据党的十九届五中全会精神，第一，立足国内大循环，发挥比较优势，协同推进强大国内市场和贸易强国建设，以国内大循环吸引全球资源要素，充分利用国内国际两个市场两种资源，积极促进内需和外需、进口和出口、引进外资和对外投资协调发展，促进国际收支基本平衡。第二，完善内外贸一体化调控体系，促进内外贸法律法规、监管体制、经营资质、质量标准、检验检疫、认证认可等相衔接，推进同线同标同质。第三，优化国内国际市场布局、商品结构、贸易方式，提升出口质量，增加优质产品进口，实施贸易投资融合工程，构建现代物流体系。

28 需求牵引供给、供给创造需求的高水平动态平衡

近年来，随着外部环境和我国发展所具有的要素禀赋的变化，市场和资源两头在外的国际大循环动能明显减弱，而我国内需潜力不断释放，中等收入群体不断扩大，居民多样化、个性化、高端化需求与日俱增，消费结构正在优化升级，由此带来的国内大循环活力日益强劲。2020 年 8 月 24 日，习近平总书记在经济社会领域专家座谈会上首次提出："要坚持供给侧结构性改革这个战略方向，扭住扩大内需这个战略基点，使生产、分配、流通、消费更多依托国内市场，提升供给体系对国内需求的适配性，形成需求牵引供给、供给创造需求的更高水平动态平衡。"这是"形成以国内大循环为主体、国内国际双循环相互促进的新发展格局"的重要战略部署，对促进国民经济良性循环具有重要的理论意义与现实意义。

需求牵引供给、供给创造需求，就应当是供给侧改革和需求侧改革齐头并进，一手抓供给侧改革，一手抓需求侧改革。

从供给侧来看，要牢牢坚持供给侧结构性改革这个战略方向，提升供给体系对国内需求的适配性，使供给结构更好适应需求特别是消费结构的变化。生产是整个经济循环的起点。持续提

升供给体系的质量与效率，是解决供需不平衡不匹配、畅通国民经济循环的关键所在。实施创新驱动发展战略，坚持科技创新，力促质量变革，减少无效和低端供给，扩大有效和中高端供给，不断发展新模式、新业态、新技术、新产品，优化供给结构，改善供给质量，把被抑制的市场需求释放出来。持续转变经济发展方式，力促效率变革，推动劳动力、土地、资本、技术、数据等要素市场化配置，提高全要素生产率，实现内涵式增长。持续优化经济结构，力促产业变革，支持高端装备制造和传统产业改造提升。持续转换增长动力，力促动力变革，大力发展战略性新兴产业和现代服务业。持续深化农业供给侧结构性改革，保障粮食数量安全和质量安全，增加优质农副产品市场供给。

从需求侧来看，要坚决扭住扩大内需这个战略基点，加快构建完整内需体系。培育完整内需体系，必须更加重视对接消费需求，在生产、分配、流通、消费构成的经济循环中，消费是终点也是新的起点，是促进国内国际双循环的重要抓手，也是加快释放内需潜力、增强经济发展动力的着力点。全面促进消费，顺应居民消费升级趋势，支持提升传统消费，培育新型消费，持续激发消费潜力，夯实消费的基础性作用。合理增加公共消费，提高教育、医疗、养老、育幼等公共服务支出效率。通过提高居民收入水平，扩大中等收入群体规模，为中高端消费提供坚实支撑。支持完善流通体系特别是农村流通体系，促进产销高效对接，扩大消费市场。扩大有效投资，发挥出投资的关键作用，围绕补短板、惠民生等，加强基础设施建设。在合理引导消费、储蓄、投资等方面进行有效制度安排。

29 构建现代物流体系

　　构建新发展格局，物流业将成为畅通国内大循环、促进国内国际双循环的战略支点。2013 年 11 月，习近平总书记在山东临沂考察时就指出，物流业一头连着生产，一头连着消费，在市场经济中的地位越来越凸显。要加快物流标准化信息化建设，提高流通效率，推动物流业健康发展。中央财经委员会第八次会议强调，建设现代流通体系对构建新发展格局具有重要意义，并要求培育壮大具有国际竞争力的现代物流企业。"十四五"规划建议对物流发展、供应链创新高度重视，明确提出构建现代物流体系。

　　现代物流是根据客户实际需要，将运输、储存、装卸、搬运、包装、流通加工、配送、信息处理等功能有机结合，提供全过程、多功能的服务。现代物流业是融合运输、仓储、货代、信息等产业的复合型服务业，是支撑国民经济发展的基础性、战略性、先导性产业，是畅通国民经济内外循环的重要环节，也是促进形成强大国内市场的重要支撑。

　　当前，经济结构调整与增长动能转换将给物流业发展带来内在机制的新变革，以国内大循环为主体、国内国际双循环相互促进的新发展格局将对物流空间布局与运行模式提出新要求，因此，迫切需要加快构建现代物流体系，促进现代物流业"由大到强"。构建现代物流体系要从以下几个方面综合施策：

第一，构建"通道＋枢纽＋网络"的现代物流运行体系。要建设现代综合运输体系，形成统一开放的交通运输市场，优化完善综合运输通道布局，加强高铁货运和国际航空货运能力建设，加快形成内外联通、安全高效的物流通道。利用大数据、人工智能、物联网、云计算、第五代移动通信技术、区块链技术等，构建现代物流基础设施网络体系、提升现代物流服务实体经济能力、增强现代物流高质量发展的内生动力，推动我国现代物流的创新。

第二，不断提升国际物流竞争力。国际物流合作是培育国际竞争新优势的重要途径，要加快建设国际寄递物流服务体系，统筹推进国际物流供应链建设，开拓国际市场特别是"一带一路"沿线业务，培育一批具有全球资源配置能力的国际一流平台企业和物流供应链企业。

第三，加强应急储存设施建设，为改善重大突发事件应急反应提供有力支持。应急物流体系作为我国应急保障体系的重要组成部分，在突发公共事件中发挥着至关重要的作用，特别是面对突如其来的新冠肺炎疫情，暴露出我国应急物流体系存在应急物流政策滞后、应急物流网络不畅、应急物流运力调配不协调等问题。因此需要从顶层设计、政策制定、法律约束、协调联动等多方面构建一个高效的应急物流体系，发挥物流枢纽节点的联通联动作用，在应对公共风险时发挥物流保障与支撑作用。

30 培育新型消费

消费是我国经济增长的重要引擎。近年来，我国以网络购物、移动支付、线上线下融合等新业态新模式为特征的新型消费迅速发展。特别是新冠肺炎疫情发生以来，传统接触式线下消费受影响，新型消费参与保障居民日常生活需要，推动国内消费恢复，促进了经济企稳回升，发挥了突出作用。习近平总书记在 2020 年 3 月 4 日召开的会议强调，把在疫情防控中催生的新型消费、升级消费培育壮大起来，使实物消费和服务消费得到回补。2020 年 3 月 27 日，习近平总书记在中央政治局会议上指出，要加快释放国内市场需求，要扩大居民消费，合理增加公共消费，启动实体商店消费，保持线上新型消费热度不减。支持新型消费发展，短期内有利于推动消费回暖，更好发挥消费对经济增长的"压舱石"作用，从中长期来看，则是构建双循环新发展格局的应有之义。

新型消费之"新"，既表现在获客渠道的线上化和用户服务的智能化，也表现在消费的多元化和场景化。当前，新型消费不仅服务和激发着消费者的潜在需求，成为扩大内需的重要力量，更重要的是，新型消费的发展还将线上线下的有机融合趋势、潜在的消费需求传导至产业链上游，带动着品牌消费、品质消费，引领着个性化定制、柔性化生产，推动着大中小企业协同联动、上下游全链条一体化发展，成为高质量发展的基础和先导。大力培育壮大新型消费，有利于推动终端消费与生产供给形成良性闭环，激发市场需求有效回升，稳住企业投资、生产计划，夯实稳就业、保居民就业的基本盘。加快培育新型消费，重点应从以下几个方面综合施策并形成合力。

第一，以质量品牌为重点，促进消费向绿色、健康、安全发展，鼓励消费新模式新业态发展。随着人民生活水平不断提高，更多的消费者已从注重消费数量转向更加注重消费质量，更加注重绿色环保、安全健康的消费方式。因此，在供给上需要充分考虑消费需求的变化趋势，让消费者享受到高质量、健康安全的消费和服务。在政策上鼓励消费者更多消费绿色消费品。

第二，促进数字消费、网络消费、信息消费发展。利用 5G、物联网、大数据、人工智能、区块链等新技术，发展线上消费，打造"小而美"的网络新品牌。积极推动线上线下消费有机融合，促进传统线下业态数字化改造和转型升级。大力发展"互联网＋社会服务"消费模式，培育丰富在线教育、在线医疗、在线文娱等线上消费。积极发展中高端移动通信终端、可穿戴设备、超高清视频终端等新型信息产品，促进信息消费更新升级。

第三，改善消费环境，健全质量标准，强化消费者权益保护。新型消费追求的不仅是物美价廉，还有消费体验。要通过加强政府对市场的监管，严厉处罚侵害消费者权益行为，完善消费者权益保护体系，切实保护消费者合法权益。

31 市场主导的投资内生增长机制

深化供给侧结构性改革，是"十四五"时期我国经济社会发展的主线。"十四五"《纲要》指出，"优化投资结构，提高投资效率，保持投资合理增长，发挥投资对优化供给结构的关键作用。"形成"市场主导的投资内生增长机制"对于拓展投资空间、优化投资结构，激发经济发展的内生动力、稳定经济增长具有重要意义。

完善市场主导的投资内生增长机制，需要充分发挥政府投资撬动作用，更好地激发民间投资活力。政府投资也是市场需求的一部分，能为重大技术进步、战略性资源开发提供必要支持。创新投资方式，发挥政府投资"四两拨千斤"的功效，还可以带动更多社会投资。

激发民间投资活力，要进一步转变政府职能，通过简政放权、落实负面清单制度，坚持市场导向、市场驱动鼓励扩大民间投资。通过引入社会资本的"活水"有效弥补政府投资的不足，充分调动民间投资对稳增长、促改革、调结构、惠民生具有重要作用，有助于推动基础设施和公共服务等领域的投融资体制改革，进一步提高投资的质量和效益，同时也有助于营造更公平的市场竞争环境，使市场在资源配置中真正起到决定性作用。切实鼓励和促进民间投资是提高城乡居民的收入和消费水平，改善民生的内在要求、保就业的有效途径，也是加快新型城市化进程的有利方式。

要科学规划和合理引导民间投资健康发展，继续推进一批强基础、增功能、利长远的重大项目建设，推动企业数字化、智能化改造和设备更新，把民间投资引导到促进产业升级的技术改造和自主创新上来，引导社会资本参与新型基础设施建设和新型城镇化建设。

加强政府服务和引导功能，加快民间投资信息服务体系建设，尽快建立和完善产业政策信息和市场信息发布平台，及时发布投资信息，使民间投资主体及时把握宏观调控政策，了解投资领域变化，适时调整投资方向，提高决策科学性及投资效益。

深化投融资体制机制改革，健全市场化投融资机制。加大中央预算内投资对短板领域支持力度，调整优化中央预算内和专项债券投向领域，聚焦关键领域和薄弱环节。在投资方面，加快补齐基础设施、市政工程、农业农村、公共安全、生态环保、公共卫生、物资储备、防灾减灾、民生保障等领域短板，推动企业设备更新和技术改造，扩大战略性新兴产业投资。重点推进能源、铁路、电信、公用事业等行业竞争性环节市场化改革，优化民营经济发展环境，破除制约民营企业发展的壁垒。在融资方面，创新融资机制，畅通投资项目的融资渠道，加强资金、政策对民间投资信贷的支持力度，加快构建金融有效支持实体经济的体制机制，优化政策性金融，提高直接融资比重。

| 第五篇 | **加快数字化发展**
建设数字中国

32 数字经济

数字经济是互联网时代演进的产物，它是继农业经济、工业经济之后依托互联网经济发展起来的高级经济形态。早在 2003 年，时任浙江省委书记的习近平同志就提出了建设"数字浙江"的决策部署。2015 年，习近平总书记在第二届世界互联网大会上指出中国将推进"数字中国"，至 2017 年，"数字经济"一词首次出现在政府工作报告中，表明"数字经济"已成为国家战略的重要组成部分。

何谓数字经济？迄今为止，理论界还没有形成一个共同接受的标准概念界定。联合国对数字经济概念提供了三个层次的理解：最为核心的层次是数字部门本身，比如信息产业。第二层次扩展理解是以数字为支撑的数字服务、平台经济、共享经济等必须依靠数字技术才能实现的商业活动。第三层次扩展理解是较宽泛的数字化经济，如产业数字化形成的经济形态。无论从哪个层次理解，数字经济的关键要素和核心驱动力都是"数据"，主要是综合运用互联网、大数据、人工智能的形式，它可以通过数字技术与实体经济深度融合发展，提高传统产业的数字化和智能化水平。

从数字经济表现形式来看，其加速迭代的趋势非常明显。数字经济发展伊始，其表现形式相对简单，比如与数字相关的电子商务、电子支付等，是数字经济发展的基础形式；随着大数据和人工智能的应用，数字已经开始改变诸多产业的传统运行和监管模式，形成了如互联网金融、智慧城市治理等新范式，如今数字经济已经影响到生产生活的方方面面。中国信通院发布的报告《中国数字经济发展白皮书（2020 年）》显示，2019 年，我国数字经济增加值规模达到 35.8 万亿元，占 GDP 比重达到 36.2%，数字经济实际上已成为中国经济增长的新引擎。

数字经济是现代化经济体系的重要组成部分，是全球竞争的新领域与制高点。需要紧抓数字经济发展的关键期，形成有利于数字经济发展的政策体系。第一，做好信息化和工业化深度融合这篇大文章。推动互联网、大数据、人工智能同实体经济深度融合，推动制造业加速向数字化、网络化、智能化发展。第二，深入实施工业互联网创新发展战略，系统推进工业互联网基础设施和数据资源管理体系建设，发挥数据的基础资源作用和创新引擎作用，加快形成以创新为主要引领和支撑的数字经济。第三，积极参与构建数字经济时代的国际规则。当前，美国、欧盟、英国、日本等国家和地区，都相继发布了数字经济发展的国家战略，全球数字经济发展面临激烈的规则竞争。未来几年，将是国际数字经济发展和规则形成的时期，我国需要积极发挥引领作用，主动参与数字经济发展国际规则的构建。

33 数字货币

　　数字经济是全球经济增长日益重要的驱动力，法定数字货币的发行和应用，能够满足公众在数字经济条件下对数字货币的需求，提高支付的便捷性、安全性和防伪水平，因此，推动数字经济的发展，发行法定数字货币是大势所趋。我国中央银行从2014年开始着手数字人民币相关筹备工作，2019年基本完成顶层设计、标准制定、功能研发、联调测试等工作，2020年上半年顺利启动封闭试点，数字人民币研发一直在积极稳妥地推进。数字人民币是由人民银行发行的数字形式的法定货币，与纸钞和硬币等价，不是人民币之外新的货币体系。

　　货币作为一般等价物，是从物物交换中衍生出来的。人类社会的发展经历了农业经济、工业经济和数字经济的时代，货币的形态也在不停地发生变化。从最早的贝壳，到后来出现的铜、铁、金、银等金属货币，再到以国家信用为支撑、国家发行的纸币的出现，这个过程展现了法定货币的演化进程。从历史发展的趋势来看，货币从来都是伴随着技术进步、经济活动发展而演化的，从早期的实物货币、商品货币到后来的信用货币，都是适应人类商业社会发展的自然选择。作为上一代的货币，纸币技术含量低，从安全、成本等角度来看，被新技术、新产品取代是大势所趋。特别是随着互联网的发展，全球范围内支付方式都发生了巨大的变化，数字货币发行、流通体系的建立，对于金融基础设施建设、推动经济提质增效升级，都是十分必要的。数字货币没有实物形态，携带更为方便，降低了货币发行和流通成本。数字货币的出现使更多人享受到支付的便利，发行、贮藏、回笼等环节通过数字化方式实现，极大节约了人力、物力成本，提高了结算的效率。与实物现金使用特殊纸张、水印图案等物理手段相比，数字货币通过密码算法等多重机制实现了防伪功能，防伪效率更高。

但需要注意的是，到了数字时代，非主权国家发行的数字货币一旦产生同样是全球化的，并且具有加密、匿名、去中心化等特征，脱离了主权信用，发行基础无法保证，币值无法稳定，还可以摆脱银行网络，甚至可以被不法分子用来洗钱、恐怖主义融资等，不适合作为人类的流通货币。因此，对于类似比特币、Libra 等由非政府部门发行的数字货币，各国政府和监管机构的态度十分慎重。数字货币作为法定货币必须由中央银行来发行。数字货币的发行、流通和交易，都应当遵循传统货币与数字货币一体化的思路，实施同样原则的管理。币值稳定、安全可靠的货币是经济繁荣发展的基础，发行货币是一个国家主权的重要体现，是中央银行的基本职责，各国央行才是数字货币的主导者。数字人民币由中国人民银行发行能够防止货币发行权旁落，保证数字人民币的法偿性、安全性和币值稳定。

34 社会主义基本经济制度

　　基本经济制度是经济制度体系中具有长期性和稳定性的部分，起着规范方向的作用，对经济制度属性和经济发展方式有决定性影响。社会主义基本经济制度是指那些体现我国社会主义性质，规定着国家经济生活基本原则，对国家经济社会发展具有重大影响的经济制度。党的十九届四中全会首次提出："公有制为主体、多种所有制经济共同发展，按劳分配为主体、多种分配方式并存，社会主义市场经济体制等社会主义基本经济制度，既体现了社会主义制度优势，又同我国社会主义初级阶段社会生产力发展水平相适应，是党和人民的伟大创造。"可见，社会主义基本经济制度是由所有制、分配制度、经济体制三方面制度有机构成、不可分割的统一体。党中央对社会主义基本经济制度的新概括，继承和发展了马克思主义政治经济学，对于在新时代新发展阶段不断解放和发展社会生产力、推动经济高质量发展具有重大意义。

　　党中央的新概括进一步把我国基本分配制度和社会主义市场经济体制上升为基本经济制度，是一项重大理论创新。社会主义基本经济制度是社会生产关系核心部分的具体表现，应当涵盖所有制、分配制度以及作为调节社会再生产全过程的经济运行机制总和的经济体制。所有制在基本经济制度中具有基础性作用，对分配、交换等领域的经济制度具有决定性影响。所有制形式决定分配形式。公有制为主体、多种所有制经济共同发展决定了在分配方式上必然采取按劳分配为主体、多种分配方式并存。我国所有制和分配制度的特性，决定了在调节经济运行和资源配置方式上必然采取社会主义市场经济体制，把社会主义的制度优势与市场经济的优势有机结合，才能既提高资源配置效率，又促进社会公平正义，并使各种所有制经济组织、各类要素所有者的利益通过市场机制得到有效实现。

改革开放的实践充分证明，社会主义基本经济制度具有显著优势，是造就我国经济快速发展奇迹和社会长期稳定奇迹的重要制度基础。毫不动摇巩固和发展公有制经济，增强国有经济竞争力、创新力、控制力、影响力、抗风险能力，有利于保障人民共同利益、增进民生福祉、维护国家经济安全；毫不动摇鼓励、支持、引导非公有制经济发展，有利于稳定增长、鼓励创新、促进就业、改善民生。坚持按劳分配为主体，把按劳分配和按要素贡献分配结合起来，既有利于调动广大劳劲者的积极性和创造力，促进发展成果共享和共同富裕，又有利于激发劳动、资本、土地、知识、技术、管理、数据等一切生产要素的活力，让创造财富的源泉充分涌流。构建高水平社会主义市场经济体制，有利于充分发挥市场在资源配置中的决定性作用，更好地发挥政府作用，把有效市场和有为政府更好结合，实现更高质量、更有效率、更加公平、更可持续、更为安全的发展。

35 中国特色现代企业制度

中国特色现代企业制度，是在深化国有企业改革过程中，把坚持党对国有企业的领导与建立现代企业制度有机融合的制度安排，是社会主义基本经济制度在企业层面的具体实现形式。中国特色现代企业制度体现了两大基本原则，即坚持党对国有企业的领导是重大政治原则，必须一以贯之；建立现代企业制度是国有企业改革的方向，也必须一以贯之。中国特色现代企业制度，"特"就特在把党的领导融入公司治理各环节，把企业党组织内嵌到公司治理结构之中，明确和落实党组织在公司法人治理结构中的法定地位，做到组织落实、干部到位、职责明确、监督严格。

中国特色现代企业制度，一方面具有符合社会化大生产要求的现代企业制度所具备的共性特征，主要包括产权清晰、权责明确、政企分开、管理科学，特别是建立完善的公司法人治理结构和运行有效的治理机制。另一方面，具有中国特色社会主义基本经济制度赋予的特定制度属性和特征，主要包括：国有企业党组织发挥领导核心和政治核心作用，把方向、管大局、保落实；明确党组织在决策、执行、监督各环节的权责和工作方式，使党组织发挥作用组织化、制度化、具体化；处理好党组织和其他治理主体的关系，明确权责边界，做到无缝衔接，形成各司其职、各负其责、协调运转、有效制衡的公司治理机制。把党的领导与公司治理有机融合，能够确保国有企业坚持正确的政治方向，全面贯彻落实党和国家的基本路线方针政策，有效维护国家和社会利益。党组织发挥统筹协调作用，不仅能够增强企业凝聚力，而且可以形成贯穿决策层、管理层和员工层的高效决策执行体系。

构建中国特色现代企业制度，要全面落实"两个一以贯之"，把加强党的领导与完善公司治理统一起来。要把党建工作总要求纳入国有企业章程，明确国有企业党组织在公司法人治理结构中的法定地位，将党组织的机构设置、职责分工、工作任务纳入企业的管理体制、管理制度、工作规范。完善党组织领导班子成员与董事会、监事会、经理层成员双向进入、交叉任职的领导体制，董事长、总经理原则上分设，党组织书记、董事长一般由一人兼任。落实"三重一大"决策制度，把党组织研究讨论作为董事会、经营管理层等决策重大问题的前置程序，保障党组织意图在重大决策中得到充分体现。党组织支持董事会、监事会、经理层依法履职，支持职工代表大会开展工作。健全公司法人治理结构，重点推进公司董事会建设，建立健全权责对等、运转协调、有效制衡的决策执行监督机制。健全市场化经营机制，围绕激发活力、提高效率，着力深化劳动、人事、分配三项制度改革，加快推行职业经理人制度，全面推进用工市场化，建立健全按业绩贡献决定薪酬的分配机制。强化国有企业独立市场主体地位，深入推进公司制股份制改革，切实维护企业法人财产权和经营自主权，使国有企业在市场竞争中实现优胜劣汰。

36 构建亲清政商关系

发展社会主义市场经济，促进非公有制经济健康发展和非公有制经济人士健康成长，必须构建健康的政商关系。习近平总书记在 2016 年参加全国政协十二届四次会议民建、工商联界委员联组会时发表重要讲话，用"亲""清"二字对新型政商关系进行了概括。这一全新定位，揭示了新型政商关系的本质，不仅让政商双方在交往中都有规可依，更给领导干部如何跟民营企业家打交道划出了底线、拓展了空间。对领导干部而言，所谓"亲"，就是要坦荡真诚同民营企业接触交往，特别是在民营企业遇到困难和问题的情况下更要积极作为、靠前服务，对非公有制经济人士多关注、多谈心、多引导，帮助解决实际困难，真心实意支持民营经济发展。所谓"清"，就是同民营企业家的关系要清白、纯洁，不能有贪心私心，不能以权谋私，不能搞权钱交易。

构建亲清新型政商关系，是完善社会主义市场经济体制的内在要求，也是打造良好政治生态、构建公平市场环境、营造良好社会风气的必然要求。要充分发挥市场在资源配置中的决定性作用，更好发挥政府作用。政府是市场规则的制定者，也是市场公平的维护者，要更多提供优质公共服务，营造法治化、便利化、国际化营商环境。政府要从管理者转向服务者，支持企业家心无旁骛、长远打算，以恒心办恒业，扎根中国市场，深耕中国市场。构建亲清新型政商关系，廓清了长期以来处理政商关系存在的误区，对促进非公有制经济健康发展和非公有制经济健康成长具有重要意义。

构建亲清新型政商关系，要坚持多措并举、精准施策。要建立规范化机制化政企沟通渠道。地方各级党政主要负责同志要采取多种方式经常听取民营企业意见和诉求，畅通企业家提出意见诉求通道。鼓励行业协会商会、人民团体在畅通民营企业与政府沟通等方面发挥建设性作用。要完善涉企政策制定和执行机制。制定实施涉企政策时，要充分听取相关企业意见建议。保持政策连续性稳定性，健全涉企政策全流程评估制度，完善涉企政策调整程序。政策执行要坚持实事求是，不搞"一刀切"。要创新民营企业服务模式。进一步提升政府服务意识和能力，鼓励各级政府编制政务服务事项清单并向社会公布，建立政务服务评价制度，完善对民营企业全生命周期的服务模式和服务链条。要建立政府诚信履约机制。各级政府要认真履行在招商引资、政府与社会资本合作等活动中与民营企业依法签订的各类合同。建立政府失信责任追溯和承担机制，对民营企业因国家利益、公共利益或其他法定事由需要改变政府承诺和合同约定而受到的损失，要依法予以补偿。

37 完善宏观经济治理

　　宏观经济治理是指，国家综合运用中长期发展规划以及财政、货币、就业、产业、投资、消费、环保、区域等政策工具，对宏观经济进行有效治理，以确保宏观经济平稳健康运行，促进经济高质量发展。它主要包括健全宏观经济治理体系、完善宏观经济政策制定和执行机制、提升宏观经济治理能力等重要内容。它对于我国在新发展阶段有效应对内部和外部发展环境变化带来的风险和挑战，构建新发展格局，推动经济高质量发展具有重大意义。

　　要健全以国家发展规划为战略导向，以财政政策和货币政策为主要手段，就业、产业、投资、消费、环保、区域等政策紧密配合，目标优化、分工合理、高效协同的宏观经济治理体系。一是要着力发挥国家发展规划的战略导向作用。健全目标鲜明、层次清晰、功能明确的国家发展规划体系；贯彻新发展理念，突出高质量发展目标引领，创新规划实施机制，加强规划实施的推进、协调和执行能力，运用大数据等现代信息技术手段对规划实施情况开展监测评估，推动国家战略有效落实。二是要着力完善财政政策和货币政策手段。更好发挥财政政策的再分配功能和激励作用，调整优化财政支出结构，调动中央、地方和各方面积极性，加大对解决经济社会发展中不平衡、不充分问题的财政支持力度，增强基本公共服务保障能力。健全货币政策和宏观审慎政策双支柱调控框架。健全基础货币投放机制，完善中央银行利率调控和传导机制，保持货币信贷和社会融资规模适度增长，有效防范系统性金融风险，提升金融服务实体经济能力。三是要着力把握我国新发展阶段经济形态的深刻变化，促进就业、产业、投资、消费、环保、区域等政策协同发力，构建更加高效的宏观政策供给体系。

要完善宏观经济政策制定和执行机制。围绕推动高质量发展和构建以国内大循环为主体、国内国际双循环相互促进的新发展格局，从政策制定到执行全链条管理的角度，加强宏观经济政策的针对性、协同性、时效性和执行力。一是完善宏观经济政策的综合协调机制，使宏观经济治理目标制定和政策手段运用保持统一连贯协同，形成治理合力。二是加强宏观经济政策的动态管理，把预期管理作为宏观经济治理的重要内容，适时适度进行预调微调，增强政策连续性、应变性、可预期性。三是坚持稳中求进工作总基调，加强中长期、跨周期宏观经济政策预研，增强宏观调控的前瞻性，着力提高逆周期调节能力，完善参与国际宏观经济政策协调机制。

要提升宏观经济治理能力。正确认识社会主义市场经济体制本质特征和市场经济一般规律，不断完善现有宏观调控工具，又要顺应数字经济、数字社会发展趋势和构建高标准市场体系要求，善于运用现代技术手段，提高宏观经济治理能力和科学化水平。

38 有效市场和有为政府

党的十九届五中全会提出"坚持和完善社会主义基本经济制度，充分发挥市场在资源配置中的决定性作用，更好发挥政府作用，推动有效市场和有为政府更好结合"。"推动有效市场和有为政府更好结合"这一新概括，体现了我们党对正确处理政府和市场关系的认识上升到新的高度，对构建高水平社会主义市场经济体制，推动形成新发展格局，实现高质量发展意义重大。

推动有效市场和有为政府更好结合，是构建高水平社会主义市场经济体制的核心问题。市场决定资源配置是市场经济的一般规律，形成有效市场必须遵循这一规律，从深度和广度上推进市场化改革，减少政府对资源的直接干预，把市场机制能有效调节的活动都交给市场，让市场在所有能够发挥作用的领域都充分发挥作用，推动资源配置实现效益最大化和效率最优化，让企业和个人有更多活力和更大空间去发展经济、创造财富。实现产权有效激励、要素自由流动、价格反应灵活、竞争公平有序、企业优胜劣汰。市场有效离不开政府有为，科学的宏观调控、有效的政府治理，是促进市场有效发挥作用的前提。政府要在保持宏观经济稳定，加强和优化公共服务，保障公平竞争，加强市场监管，

维护市场秩序，推动可持续发展，促进共同富裕，弥补市场失灵
方面更好发挥作用。政府该管的事一定要管好、管到位，该放的
权一定要放足、放到位，坚决克服政府职能错位、越位、缺位现
象。在推动有效市场和有为政府更好结合上，要讲辩证法、两点
论，把"看不见的手"和"看得见的手"都用好，使二者相互补
充、相互协调、相互促进，形成"琴瑟和鸣"的良好格局。

推动有效市场和有为政府更好结合，需要进一步深化经济体
制改革，完善社会主义市场经济各项制度建设，加快构建高水平
社会主义市场经济体制。一是坚持公有制为主体、多种所有制经
济共同发展，激发各类市场主体活力。毫不动摇巩固和发展公有
制经济，毫不动摇鼓励、支持、引导非公有制经济发展，探索公
有制多种实现形式，支持民营企业改革发展，培育更多充满活力
的市场主体。二是全面完善产权制度，实现产权有效激励。健全
归属清晰、权责明确、保护严格、流转顺畅的现代产权制度，对
公有制经济产权和非公有制经济产权全面依法平等保护。三是完
善要素市场化配置体制机制，建设高标准市场体系，实现要素价
格由市场决定、流动自主有序，配置高效公正。四是完善政府经
济调节、市场监管、社会管理、公共服务等职能，提高宏观经济
治理能力。

39 预期管理

预期管理是现代宏观调控的一种重要方式，它是指政府综合运用财政、货币、产业、投资、消费等经济政策，制定法律法规以及增强信息沟通等手段和方式，有效引导、协调和稳定社会预期，进而影响社会经济主体的决策和行动，力求增强政策调控效应，促进宏观调控目标实现和经济平稳健康运行。20世纪80年代西方经济学界兴起的"理性预期"学派十分重视"预期"对宏观调控政策效果的影响，认为市场预期如果不稳定，就会诱发各种短期的投机行为，引发经济秩序紊乱，并会削弱宏观调控的有效性，因而预期管理日益受到各国宏观调控当局的重视。

党的十八大以来，我国经济发展进入新常态，面临经济增速换挡、经济结构调整、发展动力转换等多重挑战。为有效适应引领新常态，我国不断创新宏观调控方式，强调在宏观调控中"更加注重引导社会预期""更加注重引导市场行为和社会心理预期"。"十四五"时期是我国经济转入高质量发展的关键阶段，经济发展持续向好的基本面没有变化，但也面临不少新的风险隐患，如境外疫情发展和世界经济衰退的冲击加剧，国内发展不平衡不充分问题仍然突出，重点领域关键环节改革发展任务仍然艰巨。

这就要求我们完善宏观经济政策制定和执行机制，重视预期管理，提高调控的科学性，为推动高质量发展营造良好的宏观经济环境。

一是要加强宏观经济政策的动态管理，不断完善预期管理的方式。把预期管理作为宏观经济治理的重要内容，针对新情况新问题不断加以调整完善，适时适度进行预调微调，增强政策连续性、应变性、可预期性。从市场需求和市场心理角度出发，探索创新预期管理方式，引入前瞻性预期引导理念并完善政策框架，增强市场对经济走势和经济政策方向的理解和判断力。二是要完善市场主体引导机制，加强各项预期管理政策的协调性。主要运用经济、法律、技术、标准等手段，更多依靠市场机制和社会协同力量，维护经济运行的稳定。进一步发挥财政、货币、价格、产业等政策联动的制度优势，增强中央与地方、政府各部门与社会组织的协调联动，提高预期管理的效果。三是要建立畅通的信息沟通渠道，提高宏观调控政策透明度。要健全宏观经济政策和市场信息权威发布平台，定期发布宏观经济形势分析报告。增强宏观经济政策透明度，加强政策意图宣传解读，及时解疑释惑，回应社会关切，稳定市场预期。四是要建立经济监测预测预警机制，提高经济风险化解能力。充分利用大数据、人工智能等新技术，建立重大风险识别和预警机制。当市场出现突发性事件可能引发社会恐慌时，通过多种措施对非理性预期进行规范、引导和控制，防止出现经济大起大落，守住不发生系统性风险的底线。

40 现代税收制度

　　税收是国家实施宏观调控、调节收入分配的重要工具，是现代社会联结政府与社会、公民的纽带之一。通过税收，政府向人民收取了提供社会管理和公共服务的资金，然后再通过财政支出，政府完成了向社会提供管理和公共服务的使命。"十四五"时期，我国要建立健全有利于高质量发展、社会公平、市场统一的税收制度体系，优化税制结构，同时提高税收征管效能。

　　完善现代税收制度，包括健全地方税、直接税体系，优化税制结构，适当提高直接税比重，深化税收征管制度改革等方面的内容。健全地方税体系，就是要通过培育地方主体税种，合理配置地方税权，理顺税费关系。按照中央与地方收入划分改革方案，后移消费税征收环节并稳步下划地方。在中央统一立法和税种开征权的前提下，适当扩大省级税收管理权限，授权省级根据本地经济社会发展实际和需要，依法确定地方税具体税率、税收优惠政策等事项。健全直接税体系，就是要健全以所得税和财产税为主体的直接税体系，逐步提高其占税收收入比重，有效发挥直接税筹集财政收入、调节收入分配和稳定宏观经济的作用，夯实社会治理基础；还需要按照"立法先行、充分授权、分步推进"

的原则，积极稳妥推进房地产税立法和改革。深化税收征管制度改革，就是要提高政府税收和非税收入规范化、协调化、法治化水平，建立权责清晰、规范统一的征管制度，完善自然人税收征管制度，改革发票管理制度，全面推广电子发票；还要分步推进建成全国统一的新一代智能化电子税务局，建设标准统一、数据集中的全国税收征管信息库，持续推进涉税信息共享平台建设，促进各部门信息共享。

科学的财税体制是优化资源配置、维护市场统一、促进社会公平、实现国家长治久安的制度保障。作为现代财税制度的重要组成部分，新时代中央和地方财政关系格局，要建立在"有利于发挥中央和地方两个积极性"的基础上。两个积极性特别是地方积极性的发挥，须以科学规范的中央和地方财政关系为前提。一方面，要按照让市场在资源配置中发挥决定性作用、更好发挥政府作用的原则，以厘清政府与市场之间边界为前提，清晰界定好作为一个整体的政府所须履行的职责（事权）范围。另一方面，将政府所须履行的职责（事权）在中央和地方之间加以分解，从而明确各级政府的职责（事权）范围。在此基础上，与事权相对应，划分各级政府的财政支出责任。

41 现代金融监管体系

金融是国家重要的核心竞争力，金融安全是国家安全的重要组成部分。党的十八届三中全会就加强金融监管提出了完善监管协调机制的改革任务。习近平总书记在关于"十三五"规划建议的说明中对"加强统筹协调，改革并完善适应现代金融市场发展的金融监管框架"进行了重点说明，并指出要"加快建立符合现代金融特点、统筹协调监管、有力有效的现代金融监管框架"。在 2017 年全国金融工作会议上，习近平总书记再次强调："要紧紧围绕服务实体经济、防控金融风险、深化金融改革三项任务"，"推进构建现代金融监管框架"。"十四五"《纲要》进一步明确，要完善现代金融监管体系。

当今世界正处于百年未有之大变局，国内外经济金融运行环境正发生深刻变革，金融监管面临新的严峻挑战。中美博弈加剧、新冠肺炎疫情暴发、自然灾害、地缘政治等传统和非传统因素增加了国际金融市场运行新的不确定性。随着国内经济水平不断提高和现代科技进步，我国金融业发展明显加快，形成了多样化的金融机构体系、复杂的产品结构体系、信息化的交易体系、更加开放的金融市场，特别是综合经营趋势明显，使金融风险的形态、路径和安全边界发生重大变化，金融体系内部风险仍在持续累积，金融相关制度存在较多短板，金融法治还很不健全，金融监管数量与质量明显不足。受多重因素影响，金融市场结构、经营理念和服务方式与高质量发展要求还很不适应。"十四五"时期我国的金融安全形势仍然十分复杂。

持续完善现代金融监管体系，首先，必须以习近平新时代中国特色社会主义思想为指导，全面加强党对金融工作的集中统一领导。国家金融监管部门要切实担当起监管主体责任，地方党委和政府积极承担国有金融资本管理和风险处置责任；坚持全面从严治党，与金融腐败作坚决斗争，对违法违规行为零容忍。进一步强化国务院金融稳定发展委员会的决策议事、统筹协调和监督问责职能，建立高效的监督决策协调沟通机制。其次，要提高金融监管透明度和法治化水平。以法律法规为准绳，对各类涉及金融机构、业务、产品和金融活动实施全面监管，完善存款保险制度，健全金融风险预防、预警、处置、问责制度体系，同时根据不同领域、机构和市场特点，制定差异化制度，提升监管精准度。健全宏观审慎管理框架和政策工具，提高微观审慎监管能力，强化行为监管，实现三者既独立又协同的有机统一。再次，要强化金融基础设施对监管的支持保障。持续推动金融市场和基础设施互联互通，不断提升清算、结算、登记、托管等系统专业化水平。最后，要积极参与国际金融治理框架重塑。深入推动国际金融规则制定和调整，增强国际影响力。加强与国际金融组织的沟通交流，推动多边和双边监管合作，营造有利于"走出去"的良好外部环境，坚决维护国家金融主权、安全和发展利益。

42 建设高标准市场体系

　　市场体系是社会主义市场经济体制的重要组成部分和有效运转基础。市场体系基础制度包括产权保护制度、市场准入制度和公平竞争制度等。首先，产权是所有制的核心，产权制度是市场经济运行的基石。建设高标准市场体系，要求健全归属清晰、权责明确、保护严格、流转顺畅的现代产权制度，健全产权执法司法保护制度。其次，市场准入制度是政府与市场关系的集中体现。党的十八届三中全会以来，我国建立了市场准入负面清单制度，这是市场准入管理的重大制度创新，对于发挥市场在资源配置中的决定性作用和更好发挥政府作用，激发市场主体活力和创造力，发挥了显著作用。最后，公平竞争是市场经济的核心，是实现资源优化配置和企业优胜劣汰的保障。随着社会主义市场经济体制逐步完善，我国竞争政策的基础地位逐步确立，市场竞争机制不断健全，更要加强市场监管，这是更好发挥政府作用的重要体现，是保障市场体系有效运转的内在要求。要针对假冒伪劣、侵犯知识产权等突出问题，严格市场监管、质量监管、安全监管，加强违法惩戒。深入实施食品安全战略，提高食品安全水平。加强反垄断、价格、广告等重点领域监管，强化要素市场监管。

建设高标准市场体系的重点和难点就是推进要素市场化配置改革，破除阻碍要素自由流动的体制机制障碍，扩大要素市场化配置范围，健全要素市场体系，推进要素市场制度建设，实现要素价格市场决定、流动自主有序、配置高效公平。一是要加快完善城乡统一的土地市场。城乡二元化的土地制度客观上限制了土地要素自由流动。要建设权利平等、规则统一的土地公开交易平台，允许农村集体土地与国有土地平等进入非农用地市场，提高农民土地增值收益分享比例。二是要推进资本要素市场化配置。资本市场仍然是我国金融体系的短板。要进一步发挥资本市场的枢纽功能，完善股票、债券等资本市场制度。股票市场要全面实行股票发行注册制，建立常态化退市机制。债券市场要探索对公司信用类债券实行发行注册管理制，加强债券市场评级机构统一准入管理。金融要素市场定价机制方面，要健全市场化利率形成机制，深化人民币汇率形成机制改革，推进新股发行市场化定价。三是要建立健全数据、知识、技术要素市场化配置机制。要着力完善数据要素市场化配置机制，进一步激发数据要素市场活力。知识和技术要素是长期经济增长动力所在，要加快发展知识和技术要素市场，具体措施包括创新促进科技成果转化机制、健全职务科技成果产权制度、设立知识产权和科技成果产权交易机构等。四是要推动劳动力要素有序流动。劳动力要素是生产要素中的关键要素，也是我国在国际经济合作和竞争中的优势。要深化劳动力要素市场体制机制改革，引导劳动力要素合理畅通有序流动，进一步激发劳动力要素活力。深化户籍制度改革，放开放宽除个别超大城市外的城市落户限制。

43 政府权责清单制度

　　实行政府权责清单制度，就是要建设职责明确、依法行政的
政府治理体系，深化简政放权、放管结合、优化服务改革，持续
优化市场化法治化国际化营商环境，推进政务服务标准化、规范
化、便利化。在政府部门"三定"规定基础上，编制和公布权责
清单，进一步明确政府职能边界，是促进政府部门更好履职尽责
的重要举措。在具体要求上，以推进国家机构职能优化协同高效
为着力点，既要编制国务院部门权责清单，系统梳理国务院部门
权责，逐项明确行使主体、权责名称、设定依据、履责方式等内
容；也要完善省市县三级政府部门权责清单，规范各级政府部门
权责事项，逐项制定完善办事指南和运行流程图，明确每个环节
的承办主体、办理标准、办理时限、监督方式等，提高行政职权
运行的规范化水平。权责清单要向社会公布，并根据法律法规立
改废释情况、机构和职能调整情况等，及时动态调整，不断完善
国家机构职能体系。

　　实行政府权责清单制度的目的是为了加快转变政府职能。转
变政府职能是深化行政体制改革的核心。改革开放特别是党的
十八大以来，政府职能深刻转变、持续优化，对解放和发展生产

力、促进经济持续健康发展、增进社会公平正义，发挥了重要作用。面对新时代新使命，必须要通过实行政府权责清单制度继续加快转变政府职能。首先，推进国家治理体系和治理能力现代化，必须优化政府组织结构，使政府机构设置更加科学、职能更加优化、权责更加协同。这就要求不断完善政府经济调节、市场监管、社会管理、公共服务、生态环境保护等职能，坚决克服政府职能错位、越位、缺位现象，全面提高政府效能，助推国家治理体系和治理能力现代化。其次，构建高水平社会主义市场经济体制，核心是处理好政府和市场的关系，使市场在资源配置中起决定性作用，更好发挥政府作用。这就要求抓住实行政府权责清单制度这个关键，最大限度地减少政府对市场资源的直接配置和对微观经济活动的直接干预，大力保护和激发市场主体活力；同时要继续创新和完善宏观调控，有效弥补市场失灵。最后，简政放权、放管结合、优化服务改革是建立政府权责清单制度的"牛鼻子"，以放管结合切实维护公平竞争市场秩序，以优化服务为市场主体和群众办事增添便利，加快建设国际一流营商环境，聚焦市场主体关切，加快关键环节和重要领域改革步伐，激发市场主体发展活力。

44 包容审慎监管

包容审慎监管是针对新产业新业态来讲的，意味着既鼓励创新、为新产业新业态成长留足空间，不断培育壮大新动能，又切实保障安全、不能放任不管，引导新产业新业态规范健康发展。所谓包容，就是对新的事物，我们已知远远小于未知，要允许它发展，给创业者提供一个能够成长的空间，给企业一个发展新动能的环境。所谓审慎监管，就是要划出安全的底线，也不允许打着"互联网+"、共享经济的招牌搞招摇撞骗。包容审慎监管不等于不监管，对于出现假冒伪劣、侵犯知识产权、严重侵害消费者权益的行为，要依法从严打击。新事物要在市场竞争中优胜劣汰，政府也要进行公平公正监管，引导他们健康成长。包容审慎监管需要加强对新生事物发展规律研究，创新监管标准和模式，防止简单套用老办法，不搞"一刀切"。对看得准、有发展前景的，支持鼓励其拓展应用场景。对一时看不准的，设置一定"观察期"，对出现的问题及时引导或处置。对潜在风险大、可能造成严重不良后果的，严格实施监管。对非法经营的，依法予以查处。同时，及时总结经验，将实践证明行之有效的监管措施常态化，健全长效监管机制。

近年来，通过深入实施创新驱动发展战略，新产业新业态蓬勃兴起。据统计，2019 年新产业新业态新商业模式增加值占国内生产总值的比重达 16.3%。新冠肺炎疫情发生后，应对疫情催生并推动了许多新产业新业态快速发展。互联网经济、共享经济、平台经济还有很大发展空间。电商、快递对工业品下乡、农产品进城，可以进一步起到搞活流通的作用。在工业领域，推动工业互联网，可以把那些闲置的资源带动起来，而且促进技术创新。在社会领域，用武之地就更大了，像"互联网＋医疗健康""互联网＋养老助幼""互联网＋教育"等，可以联动许多方面，尤其是让偏远地区、农村的群众、家庭、孩子通过互联网能够享受优质的学校、医院，优秀的教师、医生资源，帮助他们解决实际的问题。政府对新产业、新业态、新模式，比如像电子商务、移动支付等，都实行包容审慎监管方式，促进了其健康发展。以微信为例，微信刚出现的时候，相关方面不赞成的声音也很大，但政府还是顶住了这种声音，决定先"看一看"再规范。如果仍沿用老办法去管制，今天可能就没有微信了。因此，对待各类新业态、新模式要有"包容审慎"的态度。

第七篇   坚持农业农村优先发展 全面推进乡村振兴

45 中国特色社会主义乡村振兴道路

　　中国特色社会主义乡村振兴战略是指立足于国情农情，以产业兴旺为重点、生态宜居为关键、乡风文明为保障、治理有效为基础、生活富裕为根本，推动农业全面升级、农村全面进步、农民全面发展的重要战略。这一战略是我们党"三农"工作一系列方针政策的继承和发展，是中国特色社会主义进入新时代做好"三农"工作的总抓手。

　　当前，面向"十四五"时期经济社会发展的宏伟目标，我们要按照中央农村工作会议精神，坚持解决好"三农"问题，提高农业发展质量与效益，确保农业产业安全，千方百计增加农民收入，在实现农业增产、农民增收、农村美好等方面努力取得更好的成绩。

　　一是要提高农业质量的效益和竞争力。以保障国家粮食安全为底线，健全农业支持保护制度，提高粮食生产的规模化水平，坚持"藏粮于地、藏粮于技"。保障粮食与重要农产品供给安全、质量安全，提高畜禽产业发展的集约化水平。坚持市场和消费导向，创新产业组织方式，推动种养业向规模化、标准化、品牌化和绿色化方向发展，延伸拓展产业链，调整优化农业结构，增加绿色优质产品供给。发展富民乡村产业，丰富乡村经济业态，实现现代农业竞争力的提升与可持续发展。

二是要实施乡村建设行动，实现宜居宜业。要把强化农村基础设施建设纳入新基建规划，加快水、电、路、气、通信、广播电视等传统基础设施的提档升级，推进乡村经济社会数字化转型，全面落实城乡统一、重在农村的基础设施建设保障机制。深入推进高标准农田建设，改善农业生产条件，保护农田环境，巩固和提高粮食生产能力。强化改善农村人居环境的工作力度，扎实做好农村改厕、生活垃圾处理、污水治理，提升村容村貌。提高农村公共服务水平，实现城乡基本公共服务的均等化，完善农业农村发展的"硬环境"与"软环境"。

三是要重视农民收入的稳定增长。农业农村工作，说一千、道一万，增加农民收入是关键。确保农民收入稳定增长，要通过发展农村经济、组织农民外出务工经商、增加农民财产性收入等多种途径，不断缩小城乡居民收入差距，让广大农民尽快富裕起来。在政策上，要考虑如何提高粮食生产效益、增加农民种粮收入，实现农民生产粮食和增加收入齐头并进，不让种粮农民在经济上吃亏。促进农民收入持续较快增长，要综合发力，广辟途径，拓宽农民各项增收渠道，健全农民收入稳定增长的长效机制、建立适合农业农村特点的金融体系、健全农业支持保护制度、完善农民职业培训政策，形成多元化增收渠道。

46 新型工农城乡关系

　　"十四五"《纲要》中提出，强化以工补农、以城带乡，推动形成工农互促、城乡互补、协调发展、共同繁荣的新型工农城乡关系，加快农业农村现代化。新型工农城乡关系，能全面推进乡村振兴和新型城镇化建设，真正实现以人为本，扎实促进全体人民在共同富裕道路上不断前行。

　　构建新型工农城乡关系，以城乡一元化思维，健全城乡融合发展体制机制。全面落实户籍制度改革，促进城乡劳动力自由流动。其中关键是全面落实国家发展改革委最新发布的《2020年新型城镇化建设和城乡融合发展重点任务》，进一步全面推进改革附着在户籍上的管理和福利制度体系，建立城乡衔接的社会保障体系，在制度设计尤其是顶层制度设计中，真正实现从城乡二元思维到城乡一元化思维的转变，最大限度地实行居民登记制度，使城乡居民基本公共服务趋于一体化，畅通"乡—城"和"城—乡"劳动力流动通道。同时，也要全面推进要素市场化改革，促进城乡要素融合发展。

　　构建新型工农城乡关系，要以县域城镇化为重点，完善城乡要素统一市场。一方面要加强县城综合服务能力建设，把乡镇建设成为服务农民的区域中心。县域城镇化既可以诱导农业人口转移，推进农业规模经营；也可以诱导要素流动，改善土地资源利用绩效；还可以聚焦人力资本，促进乡村经济业态的转型升级。因此，要使县域城镇的效应得到充分发挥，扩大县域城镇的服务半径，增强县域城镇的区域辐射力，破除长期困扰城乡的"中心—边缘"难题，推进新型工农城乡关系的顺利构建。此外，要统筹县域城镇和村庄规划建设，保护传统村落和乡村风貌。一方面，科学的规划既有利于弘扬优秀传统文化，保护并展示乡村风貌，充分挖掘乡村的产业、生态、历史文化资产，提升特色、光大传统、展示魅力，让乡村看得见山，望得见水，才能引得进并且留得住人；另一方面，合理做好城镇和村庄规划，将乡村纳入城镇辐射范围，让乡城变得不再是那么遥远，甚至割裂，促进城乡互动，达到工农城乡和谐共生。

　　构建新型工农城乡关系，要以"双循环"为抓手，促进城乡要素双向流动。未来一段时期，农村基础设施建设任务繁重，基于"补短板、强弱项、固根基"的行动逻辑，尤其是在实施乡村建设行动的总体战略主导下，国家在未来五年用于乡村振兴的经费将达到7万亿元以上，伴随着巨量资金的下乡，必然带动城市相关要素向乡村流动，进而促进城乡要素双向流动。

47 藏粮于地、藏粮于技战略

"藏粮于地"战略是在粮食供过于求时，采取轮作休耕使一部分土地减少粮食生产数量，粮食紧缺时又将这些土地迅速用于生产粮食，通过耕地的增加或减少来维持粮食供求的大体平衡。实行土地休耕，虽然不生产粮食，但粮食生产能力还在，并且土地休耕后还可提高地力，实际上就等于把粮食生产能力储存在土地中。"藏粮于技"战略是在粮食生产中走依靠科技进步、提高单产的内涵式发展道路。通过研究开发粮食科技，用科技手段维持粮食供求平衡，根据粮食市场的平衡状态，适时地采用相应的技术，始终保持科学技术的接续能力。

"五谷者，万民之命，国之重宝。"习近平总书记指出："我国是个人口众多的大国，解决好吃饭问题始终是治国理政的头等大事。""十三五"规划建议提出："坚持最严格的耕地保护制度，坚守耕地红线，实施"藏粮于地、藏粮于技"战略，提高粮食产能，确保谷物基本自给、口粮绝对安全。"当前，我国除了"人多地少"之外，还存在耕地质量偏低、土壤环境污染、耕地面积其他用途占用等损毁严重、种植业的技术水平有待提高等问题，这些问题严重制约了粮食安全。那么如何做到"藏粮于地、藏粮

于技"的问题，就摆在了我们的面前。

藏粮于地，一方面，要保证耕地面积，避免公共设施及建筑用地过度占用耕地。要实行最严格的耕地保护制度，依法依规做好耕地占补平衡，全面开展永久基本农田划定，规范有序推进农村土地流转。在坚持土地公有制性质不改变、耕地红线不突破、农民利益不受损三条底线的同时，有序推进耕地保护政策。另一方面，要保证耕地质量，不断培肥地力，避免土壤养分流失及污染，提高土地的粮食生产能力。积极推荐土地休耕或轮作休耕，合理调整种植制度，既保证粮食供给结构平衡又保证土地的粮食生产能力。在现有土壤地力的基础上，合理降低化肥用量，增加有机肥用量，改良土壤，同时统筹考虑种养规模和环境消纳能力，积极开展种养结合循环农业试点示范。

藏粮于技，首先，要将高产品种和高产栽培技术相结合，如育苗技术、播种技术、植保技术、施肥技术等。高产栽培技术也需要集合事业科研和企业科研力量，确定高产品种的高产栽培技术，并由当地农业技术人员根据实际情况进行修正，由当地的农业技术人员和企业技术人员进行农业推广使用。其次，在农业生产中要配合信息化技术。在物联网应用的基础上，建立健全田网、渠网、路网"三网"配套，通过农业信息化技术的进步，提升农田排灌能力、农机作业能力、农业风险识别和预警等。最后，要注重农业科技人才与职业农民的培养。尤其是农业应用型人才的培养，而农业科技最终使用者——农民的技术能力更为重要，发展职业化农民，尤其是爱农业、懂技术、善于经营的职业农民。

48 智慧农业

智慧农业是指将物联网、云计算、大数据、空间信息技术与智能装备等信息与现代农业深度融合所催生的新型农业技术，是农业信息化发展的高级阶段。有利于实现农业生产活动的智能化，提高劳动生产率，是当前实现农业增产和农民增收的必然选择。

在 2021 年的中央一号文件中，针对农业现代化的问题就强调指出，要强化现代农业科技和物质装备支撑。布局建造一批创新基地平台，同时提高农机装备研发能力，支持高端智能装备研发，加大购置补贴力度，提高农业现代化水平。

劳动力资源是农业生产的必要因素，但我国农业劳动力资源却明显短缺，"谁来种地"的问题亟须解决。通过智慧农业相关技术实现农业生产活动的智能化，提高劳动生产率，就成为当前实现农业增产和农民增收的必然选择和唯一出路。在缓解劳动力短缺方面，可将人工智能、物联网、5G 等多种信息技术深度融合到农业生产活动中，实现更先进的信息化技术手段、更精准的农业环境信息感知、更科学的生产决策理论依据，以及更智能化的自动操作控制，有效提高农业生产效率；在提升劳动技能方面，可通过专家系统突破时空限制，向农业生产者提供便利、权威、实用的业务指导和咨询服务，模拟人类专家帮助其解决在生产活动中遇到的各类难题，提高农业科技的转化率和普及率，弥补个人生产经验的欠缺和劳动技能的不足。

土地是农业生产经营的基础，但我国耕地细碎化，"人地矛盾"突出，耕地土壤环境质量不容乐观。与传统农业生产方式相比，智慧农业将更有效地实现农业资源循环利用、农业生态环境保护及农业可持续发展，构建基于生态理念的高效的现代农业体系。在资源利用方面，运用智能化手段可精准及时地采取、传递、分析作物生长数据，实现对其重要生长环境的实时监控，纠正传统生产方式导致的化学投入品过度投放，避免对资源掠夺性使用，实现资源可持续化利用；在质量安全方面，可利用物联网、农产品追溯等信息记录和传递工具构建食品追溯和质量安全溯源系统，对农产品生命周期中各环节进行全面追踪和严格监控，构建农产品追踪清查绿色防控体系，实现质量安全化；在生态环境保护方面，可通过智能环境监测系统对环境污染存量和环境容量进行有效检测，化解由"水、土、气、生"污染链条循环富集产生的立体污染风险，用智能化的源头防控代替传统的末端治理，实现环境优美化。在实现更高经济效益的同时，产生更大的生态效益，使得农业生产更加"绿色化"和"生态化"，实现"藏粮于地、藏粮于技"。

49 农业供给侧结构性改革

　　农业供给侧改革是从供给侧出发，通过自身的努力调整，提高供给侧的质量和效益，让农民生产出产品的质量和数量，符合消费者的需求，实现产地与消费地的无缝对接。

　　从社会发展主要矛盾来看，推动农业供给侧改革是适应国家发展的主要矛盾变化的需要。党的十九大报告指出，"我国社会发展的主要矛盾已经由人民日益增长的物质文化需要同落后的社会生产之间的矛盾变为了人民日益增长的美好生活需要同不平衡不充分的发展之间的矛盾"。中国特色社会主义进入了新时代，这一时期人民在已经解决温饱问题的基础上提出了更高的要求，已经不再单纯满足拥有足量的食物，而是对食物的质量品质提出了更高的要求，不仅要填得饱肚子，更要吃得放心，吃得健康。人民立场是中国共产党一以贯之的根本政治立场，满足人民的当下关切是党执政兴国的核心要义。所以，行之有效地提高农业粮食供给质量和数量，是现阶段急需解决的社会问题。

　　深化农业供给侧结构性改革，坚持质量兴农。要通过推进农业供给侧结构性改革，挖掘农业增收潜力，创新农业经营体系，加快培育新型经营主体，建立和完善各项保障机制。一是提高农业质量效益和竞争力。适应确保国计民生要求，以保障国家粮食安全为底线，健全农业支持保护制度，坚持最严格的耕地保护制度，强化绿色导向、标准引领和质量安全监管，推动农业供给侧结构性改革，完善粮食主产区利益补偿机制，推动农村一二三产业融合发展。二是实施乡村建设行动。把乡村建设摆在社会主义现代化建设的重要位置，强化县城综合服务能力，统筹县域城镇和村庄规划建设，改善农村人居环境，提高农民科技文化素质。三是深化农村改革。加快推进农村重点领域和关键环节改革，激发农村资源要素活力，完善农业支持保护制度，尊重基层和群众创造，健全城乡融合发展机制，落实第二轮土地承包到期后再延长三十年政策，加快培育农民合作社、家庭农场等新型农业经营主体，健全农业专业化社会化服务体系，发展多种形式适度规模经营，实现小农户和现代农业有机衔接。四是实现巩固拓展脱贫攻坚成果同乡村振兴有效衔接。建立农村低收入人口和欠发达地区帮扶机制，健全防止返贫监测和帮扶机制，健全农村社会保障和救助制度。

50 完善粮食主产区利益补偿机制

完善粮食主产区利益补偿机制是指在农业的生产过程中建立健全农业投入增长、生态补偿、粮食产业发展保护等机制，增加中央财政对粮食大县的奖励资金，新增农业补贴向主产区和优势产区集中。

粮食主产区是我国粮食生产的主体，是确保国家粮食安全的基石。加快探索建立粮食主产区和粮食生产者利益补偿机制，提高"两个积极性"（粮食主产区地方政府抓粮、粮农种粮的积极性）已成为亟待解决的问题。各级政府对粮食主产区及粮农的整体补偿策略进行了卓有成效的探索。中央政府以粮食净调出省为重点区域，通过对粮食主产区的生产条件进行专项补偿制度、增加对产粮大县（市）的奖励额度等，加大了对粮食主产区政府财政支持力度，提高了地方政府抓粮的积极性；各级地方政府建立健全粮食生产大户补贴制度，调动了种粮大户等新型经营主体种粮积极性，保护和提高普通农户种粮积极性，为粮食安全奠定了微观基础。

为了进一步调动和保护好"两个积极性"，应建立现金补偿、实物补偿、服务补偿、干部政策补偿等综合补偿体系，并对粮食主产区、粮农补偿进行累进补偿方法，以期提高粮食主产区地方政府抓粮、粮农种粮的积极性，确保国家粮食安全。

实行资金补偿。要进一步凝练和收缩粮食主产区，加大对粮食调出大省的补偿力度，平衡区或主销区则减少补偿资金，甚至排除在补偿范围之外。在原来对粮农实行资金补偿的基础上，进一步加大资金补偿力度，让多生产粮食者多得补贴、少生产粮食者少得补贴、不生产者不得补贴，把有限资金真正用在刀刃上。

进一步增加实物补偿。在我国粮食主产区实行农资综合直接补贴的基础上，建立对粮食主产区的实物补偿制度。一方面，对主产区的农田基础设施和水利设施进行全面更新甚至更换，增加单位面积上设施的保有量，同时加强收购、仓储环节的基础设施建设。另一方面，对于规模以上的专业大户、家庭农场、种田能手等新型经营主体，赋予其以成本价购买大型农机具的权利，甚至允许其在规定的期限内免费使用，以期进一步降低其粮食生产成本。

在我国粮食主产区加大服务补偿的力度。首先，瞄准粮食主产区粮食生产的需求，研制适应现代农业发展的设备与技术，使农业科技成果与产业需求相吻合，并同时通过政策引导，把有知识、懂技术、会经营、能力强的种田能手吸引到粮食主产区去创业。其次，在粮食主产区（县）成立农机联合公司，为粮食生产提供产前、产中、产后服务，服务费用由粮农和国家财政按一定比例分摊甚至完全由国家财政提供。

51 乡村建设行动

乡村建设行动包括硬件和软件两个方面，硬件方面是要加强农村基础设施建设，软件方面是要加强农村公共服务，同时要推进城乡融合发展。"十四五"《纲要》提出了实施乡村建设行动，把乡村建设摆在社会主义现代化建设的重要位置。

习近平总书记在 2020 年底召开的中央农村工作会议上强调，实施乡村建设行动，继续把公共基础设施建设的重点放在农村，在推进城乡基本公共服务均等化上持续发力，注重加强普惠性、兜底性、基础性民生建设。在向第二个百年奋斗目标迈进的历史关口，将乡村建设作为一项行动提出来、在重要位置摆出来，意义重大、内涵丰富。

乡村建设是实施乡村振兴战略的重要任务，是补上农村现代化短板的重要抓手。党的十八大以来，我国大力推进乡村建设，基本实现村村通电、通硬化路、通客车和光纤 4G 网络，农村人居环境整治三年行动任务如期完成，卫生厕所普及率超过 68%，城乡居民基本医疗、养老保险基本实现全覆盖。然而也要看到，当前一些地方乡村建设缺少规划，盲目大拆大建，机械照搬城镇建设，超越发展阶段，违背农民意愿；农村基础设施建设欠账较多，还存在一些薄弱环节；基本公共服务均等化短板较明显。

实施乡村建设行动，要把规划编制好。今后一个时期是我国乡村形态快速演变的阶段，有的村庄会聚集更多的人和产业，有的会逐步向城镇融合，建设什么样的乡村，怎样建设乡村，是摆在我们面前的一个重要课题。乡村建设只有先规划、后建设，因地制宜、因时制宜，才能把握村庄演变分化的规律，才符合城乡发展建设的规律。

实施乡村建设行动，要把硬件建设好。没有农业农村现代化，就没有整个国家现代化。现代化建设要补齐农村现代化短板。一方面，农村要宜居，既要全面改善水、电、路、气、房、讯等设施条件，也要推行农村人居环境整治提升行动，重点抓好改厕和污水、垃圾处理，健全生活垃圾处理长效机制，实施河湖水系综合整治。另一方面，农村要宜业，要支持5G、物联网等新基建向农村覆盖延伸，并重点改善通自然村道路和冷链物流等既方便生活又促进生产的基础设施。

实施乡村建设行动，要把"软件"开发好。农村现代化不仅包括"物"的现代化，也包括"人"的现代化，还包括乡村治理体系和治理能力现代化。建立一个充满活力又和谐有序的乡村社会，广大农民才有获得感、幸福感和安全感。要持续推进县乡村公共服务一体化，推动教育、医疗、文化等公共资源在县域内优化配置，强化县城综合服务能力，同时把乡镇建设成为服务农民的区域中心。小村庄，大治理，要加强和改进乡村治理，推进农村移风易俗，打造善治乡村，同时围绕乡风文明和治理有效，推广"积分制""清单制"等做法，创建一批乡村治理示范村镇。

52 城乡融合发展机制

城乡融合发展机制是指在城乡领域内基于资源的互动、分享和创造，通过资源共建共享、空间共融共享和价值共创共享，进而重塑新型城乡关系，走城乡融合发展之路，促进乡村振兴和农业农村现代化，实现城乡协同进化的过程。

党的十九大提出了"建立健全城乡融合发展体制机制和政策体系"的重大决策部署，是对未来我国城乡融合发展作出的规划安排。随着"十四五"大幕的拉开，城乡融合发展在刺激消费、拉动投资、拓展经济"战略纵深"等方面的作用日益凸显。城乡融合发展是一项复杂的系统工程，涉及经济发展的方方面面，须对症施策，多管齐下，在体制机制的综合改革和多维创新中寻找前进的动力。建立健全与城乡融合发展相关的体制机制，可以从以下三个方面入手。

一是促进城乡资源共建共享。通过就业、财政、金融、土地、医疗、教育、社保等政策的实施，实现包括生产要素、公共服务及公共设施在内的资源在城乡之间的有效融合，提升城乡价值生态网络的资源融合度。其一，在生产要素方面，建立健全农业转移人口市民化机制和城乡人才合作交流机制，鼓励各类人才返乡创业，农民进城与人才入乡统筹兼顾。进一步完善农村承包地和宅基地的"三权分置"制度，建立城乡统一建设用地市场，进一步放活土地经营权。其二，在公共服务方面，建立教育资源城乡均衡配置机制，确保各类教育资源在布局和投放过程中向乡村适度倾斜，打造城乡一体化的义务教育体系。健全乡村医疗卫生服务体系，加强乡村医疗卫生人才队伍建设，提高乡村医生的待遇，加大投入力度，改善乡村医疗设施，建立市级大医院与乡村基层医疗机构长期对口协作帮扶机制。完善城乡统一的社会保险制度，加快实现医疗保险、养老保险等各类社会保险标准统一、制度并轨。

二是促进城乡空间共融共享。通过农田保护、生态涵养、城镇建设、村落分布等相关政策的制定和落实，强化城乡在结构和功能上的连接、互补和互动，实现城乡在空间上的有效融合，提升城乡价值生态网络的空间融合度。其一，在产业空间方面，推进周边区县与中心城市之间形成相互支撑的价值链分工体系，引导上下游配套产业在哈尔滨下辖区县落户。大力培育和发展产业特色小镇，依托产业特色小镇，实现城乡优质资源在空间上的集聚，彰显乡村的经济功能、生态功能、文化功能以及社会功能。其二，在城镇空间方面，重点发展县城和基础条件好、发展潜力大的建制镇，优化村镇布局，乡镇发展坚持小而美的空间格局，做强中心村、特色村。

三是促进城乡价值共创共享。通过产业、收入、分配等政策的实施，实现城乡间价值共创共享，提升乡村收入在整个社会收入中的占比，增加农民收入。

53 新型农村集体经济

　　发展新型农村集体经济，就是要以发展特色产业、盘活土地资源等为抓手，拓宽农村集体经济发展路径，增强集体经济组织服务成员能力，推动"资源变资产、资金变股金、农民变股东"，发展多种形式的股份合作。发展新型农村集体经济，就要走出一条产权清晰、收益稳定、分配合理、管理民主的新路，推动以可持续发展为导向的乡村振兴真正落地实现。发展新型农村集体经济首先要强调"新型"，推进管理体制从单元转向多元，推进混合制经济，多方链接资源，积极引入国资、民资等，推进"旅游＋村级集体经济""文化＋村级集体经济""健康＋村级集体经济""电商＋村级集体经济"等实践。发展新型农村集体经济还要强调"集体"，创新组织管理架构，稳妥推进独立核算，赋予集体经济组织独立法人地位，构建内外监督体系，科学实施农村集体经济组织的经常审计和专项审计。发展新型农村集体经济要做到取之于民、用之于民。鼓励新型农村集体经济组织合理利用集体资源资产，多渠道筹措农村人居环境整治资金。

　　重视和强调新型农村集体经济，是党中央基于我国"三农"发展变化实际，着眼乡村振兴、推进农业农村现代化而作出的战略部署。当前，集体经济"空白村"、薄弱村仍为数不少。这些"空白村"、薄弱村普遍存在"管而不理、有地无产""大而不强、有产无业""多而不优、有业无特"等问题，个别村集体经济有"政府干、农民看"情况，甚至出现"上热、中温、下冷"现象。这就要求我们必须走出固有的乡村发展思路，真正从乡村自身的"造血"机能出发，走新型农村集体经济的道路。村集体有钱办事，乡村振兴才有源头活水。从农业增效、农民增收层面来看，发展新型农村集体经济，能够更加高效、集约利用现有生产要素，一方面能让农民实现在家门口就业，降低了外出务工成本，增加了农民有效收入；另一方面能拓宽农民增收渠道，既有工资性收入，也有财产性收入。从农村社会发展角度来看，发展新型农村集体经济，让村级组织有了更多资金可以投入公共服务和基础设施，是对财政资金投入的良好补充和完善。特别是在生态建设方面，一些集体经济较强的村庄，要么在生态投入方面加大力度，打造宜居宜游的美丽乡村；要么本身就是靠生态产业起步，让绿水青山变成金山银山。从推进乡风文明、提升基层治理水平层面来看，发展壮大新型农村集体经济，在增强农民凝聚力、提高村级组织公信力方面也发挥了积极作用。村民的获得感越强，对村"两委"干部的信任感就越强，对村庄的归属感也就越强。

54 "三权分置"

　　所谓宅基地，指的是村集体给本集体内部村民使用的、用来建房的土地。宅基地制度改革是止住乡村衰败、实现乡村振兴的关键。宅基地的"三权分置"指的是落实宅基地集体所有权，保障宅基地农户资格权和农民房屋财产权，适度放活宅基地和农民房屋使用权。实施乡村振兴战略，用好土地是基础，增加投入是关键。宅基地所有权、资格权、使用权的"三权分置"被摆上了乡村振兴工作中的重要位置。探索宅基地所有权、资格权、使用权"三权分置"，是一项重大的改革和创新。"三权分置"意味着土地资产价值释放，意味着宅基地将不仅具有农民住房保障功能，还将具有资产要素功能。据测算，全国"空心村"闲置宅基地的综合整治潜力约为 1.14 亿亩。规模巨大的闲置宅基地入市，显然将给农村、农民带来巨大的影响。在"三权分置"基础上，利用农村集体经营性建设用地及宅基地建设租赁住房，有利于尽快形成租购并举的住房制度。统筹农村集体经营性建设用地入市盘活利用闲置农房和宅基地，统筹缩小征地范围与农村集体经营性建设用地入市，更有利于平衡好国家集体个人利益，让农民公平分享土地增值收益。宅基地入市的有条件松绑，不仅将缓解宅基地闲置现象，盘活农村存量土地资源，还会进一步放大宅基地价值，调动村集体经济组织的积极性，增加农民财产性收入。

当前，在许多欠发达地区的乡村，因为进城务工人员增多，大量宅基地长期闲置。如何盘活和利用这些宅基地资源，是一项关乎乡村振兴和农民收入的重要问题。现在，已经到了将土地增值收益、资源配置更多投向"三农"的时候了。宅基地的长期闲置影响了农民的财产性收益，而尽快、适度地放开，并且推进"三权分置"，有利于农民增加财产性收入，遏制乡村衰败。宅基地"三权分置"是将资格权、使用权赋予农民，这将带来更大的活力和改革机会。在实践中需要防范可能出现无序甚至失控状态。比如，在农村，如果没有有效监督机制和合理流程，用地可能突破宅基地范围和耕地红线，所建房屋也可能突破租赁用房，甚至建成使用权转售城里人的别墅或会所。农村土地制度改革要以维护农民土地权益为目的，保障农民公平分享土地增值收益，激活农村沉睡土地资产。城里人到农村买宅基地这个口子不能开，按规划严格实行土地用途管制这个原则不能破，要严格禁止下乡利用宅基地建设别墅大院、私人会馆等。

55 脱贫攻坚成果同乡村振兴有效衔接

    实现巩固拓展脱贫攻坚成果同乡村振兴有效衔接，就是要建立农村低收入人口和欠发达地区帮扶机制，保持财政投入力度总体稳定，接续推进脱贫地区发展。脱贫摘帽不是终点，而是新生活、新奋斗的起点。在脱贫摘帽之后，接下来要做好乡村振兴这篇大文章，推动乡村产业、人才、文化、生态、组织等全面振兴，做好脱贫攻坚同乡村振兴有效衔接，接续推动脱贫摘帽地区乡村全面振兴，促进经济社会发展和群众生活改善，让脱贫群众过上更加美好的生活，逐步走上共同富裕的道路。

    打赢脱贫攻坚战之后，一些脱贫户存在返贫致贫风险，巩固"两不愁三保障"成果仍需持续用力，产业扶贫和易地扶贫搬迁的帮扶成效还不稳定，巩固脱贫攻坚成果的任务仍然比较重。贫困地区脱贫摘帽以后，整体发展水平仍然较低，自我发展能力仍然较弱。要保持财政投入力度总体稳定，持续巩固脱贫攻坚成果，推进脱贫摘帽地区乡村全面振兴。要健全防止返贫监测和帮扶机制，对脱贫不稳定户、边缘易致贫户开展常态化监测预警，建立健全快速发现和响应机制，及时纳入帮扶政策范围。做好易地扶贫搬迁后续帮扶工作，加强就业产业扶持和后续配套设施建设，确保搬迁群众住得下、能融入、可致富。加强扶贫项目资金资产管理和监督，确保公益性资产持续发挥作用、经营性资产不流失或被侵占。推动特色产业可持续发展，注重扶贫产业长期培育，扩大支持对象，延长产业链条，抓好产销衔接。西部地区低收入人口较多，集中了大部分的脱贫摘帽地区，且脱贫摘帽时间较晚，发展水平相对较低，缺乏自我帮扶能力，要对乡村振兴重点帮扶县给予集中支持，增强其巩固脱贫成果及内生发展能力。坚持先富带后富，坚持和完善东西部协作和对口支援、社会力量参与帮扶等机制，进一步优化结对帮扶关系和协作帮扶方式。农村低收入人口受身体素质、职业技能、家庭负担、发展环境等制约，获得发展机会、资源要素的能力较差，如果没有政府和社会帮扶，收入增长和生活改善难以跟上全社会步伐。要健全农村社会保障和救助制度，以现有社会救助和社会保障体系为基础，健全农村低收入人口分类帮扶机制；特别是对建档立卡贫困户中完全丧失劳动能力或部分丧失劳动能力、无法通过产业就业获得稳定收入的人口，要应保尽保、应兜尽兜，切实保障他们的基本生活。

| 第八篇 | **完善新型城镇化战略
提升城镇化发展质量**

56 以人为核心的新型城镇化

　　城镇化是国家现代化的必由之路。2014 年《政府工作报告》中首次提出："推进以人为核心的新型城镇化"，明确"要健全城乡发展一体化体制机制，坚持走以人为本、四化同步、优化布局、生态文明、传承文化的新型城镇化道路，遵循发展规律，积极稳妥推进，着力提升质量。"党的十八大以来，习近平总书记高度重视新型城镇化工作，明确提出以人为核心、以提高质量为导向的新型城镇化战略，并多次作出重要部署和批示指示。"十四五"规划《建议》中提出："优化国土空间布局，推进区域协调发展和新型城镇化"，强调"推进以人为核心的新型城镇化"，明确了"十四五"时期城镇化发展的方向和目标。推进以人为核心的新型城镇化是新时代中国特色社会主义坚持以人民为中心的基本方略在城镇化工作中的具体体现，是推动实现城市治理体系和治理能力现代化的必由之路，是以习近平同志为核心的党中央深刻把握新时代新阶段我国新型城镇化发展规律、着眼于到2035 年基本实现新型城镇化作出的重大战略部署。

　　以人为核心的新型城镇化是城镇化发展理念的全新变革。核心是要坚持以人民为中心的发展思想，坚持人民城市为人民，着力提高城市发展的持续性和宜居性，不断满足人民群众对美好生活的需要。更加关注人的需求，由对基础设施的关注转向基础设施与基本公共服务并重，实现由重"量"到重"质"的转变。

"十四五"时期是我国全面开启建设社会主义现代化国家新征程、迈向第二个百年奋斗目标的第一个五年，也是推进新型城镇化的关键五年。推进以人为核心的新型城镇化战略要着力完成以下几项重大工作任务。一是实施城市更新行动。推进城市生态修复、功能修补工程。完善城市空间结构。科学编制城市各类规划，合理确定城市规模、人口密度、空间结构。统筹做好历史文化保护传承和现代文化培育发展，延续城市文脉，建设人文城市。加强城镇老旧小区改造。加强社区建设，建设现代社区。增强城市防洪排涝能力，有序推进海绵城市和韧性城市建设。二是提高城市治理水平。树立全周期管理理念，推动城市治理科学化、精细化、智能化，切实提高特大城市风险防控能力。提高公共卫生预警救治能力和城市抵御冲击、应急保障、灾后恢复的能力。坚持房子是用来住的、不是用来炒的定位，因城施策实施房地产市场调控。充分运用新一代信息技术，建设智慧城市。三是加快农业转移人口市民化。深化户籍制度改革，不断放宽户籍准入限制，完善差别化落户政策。强化基本公共服务保障，建立健全农业转移人口的教育、医疗、住房保障体系。健全农业转移人口市民化机制。四是推进以县城为重要载体的城镇化建设。优化行政区划设置，发挥中心城市和城市群带动作用，提高中心城市和城市群综合承载和资源优化配置能力。

57 实施城市更新行动

　　"城市更新"一词最早来源于西方，是人类为改善城市生产生活条件而进行的城市改造活动。第二次世界大战后西方国家兴起了大规模的"城市更新"运动，其主要内容包括城市中心区的改造与贫民窟清理。最初目的是为了恢复遭到30年代经济萧条打击和两次世界大战破坏的城市，特别是解决住宅匮乏问题。20世纪五六十年代，西方国家社会稳定、工业化加速、经济快速增长，人们对于残败、破旧的居住环境越来越不满，改善城市形象和更好利用市中心土地成为迫切愿望，于是，西方许多城市开始大规模推倒重建与清理贫民窟运动，取而代之以高楼大厦，新式建筑，强化区位优良的城市中心区的土地利用，通过吸引金融保险业、大型商业设施、高级写字楼等高端产业来实现土地增值。时代变迁，城市更新运动的理念发生了变化，内涵也不断丰富。西方城市更新理念从形体主义规划思想向人本主义规划思想的转变；城市更新政策从政府导向的福利主义社区重建转变为市场导向的以地产开发为主要形式的旧城再开发；城市更新运作模式也由政府主导向政府、私有部门和社区居民多方共同参与的机制转变。西方城市更新在"人本主义"思想导向下，强调以人为中心，注意人的基本需要、社会需求和精神需求，城市建设和改造应当符合"人的尺度"。

国内对"城市更新"问题研究起源于20世纪90年代。"十四五"规划《建议》中明确提出要实施城市更新行动。实施城市更新行动，是适应城市发展新形势、推动城市高质量发展的必然要求，是化解"城市病"问题的有效途径，是满足人民群众日益增长的美好生活需要和促进经济社会持续健康发展的重大举措。我国城镇化已经步入中后期，城市发展进入城市更新的重要时期，已经由大规模增量建设转向存量提质改造和增量结构调整并重阶段。近年来，我国城镇化进程中出现了雾霾污染、交通拥堵、城建"摊大饼"等各种"城市病"问题，要解决城镇化过程中的问题，就要制订实施相应政策措施和行动计划，走出一条内涵集约式高质量发展的新路。

实施城市更新行动，要推动城市开发建设从粗放型外延式发展转向内涵式发展，从源头上促进经济发展方式转变。总体目标是要建设宜居城市、绿色城市、韧性城市、智慧城市、人文城市，不断提升城市人居环境质量、人民生活质量、城市竞争力，走出一条中国特色城市发展道路。主要任务包括：完善城市空间结构；实施城市生态修复和功能完善工程；强化历史文化保护，塑造城市风貌；加强居住社区建设；推进新型城市基础设施建设；加强城镇老旧小区改造；增强城市防洪排涝能力；积极扩建新建停车场、充电桩，全面提升城市品质。

58 海绵城市和韧性城市

"海绵城市"的国际通用术语为"低影响开发雨水系统构建",概念的产生源自行业内和学术界习惯用"海绵"来比喻城市的某种吸附功能,如今,更多学者将"海绵"用以比喻城市或土地的雨涝调蓄能力。我国于 21 世纪初提出了建设具有中国特色的海绵城市的思路,开始研究分析我国城市面临的内涝问题。习近平总书记在 2013 年 12 月中央城镇化工作会议中强调建设自然存积、自然渗透、自然净化的海绵城市。海绵城市指城市能够像海绵一样,在适应环境变化和应对自然灾害等方面具有良好的"弹性",下雨时吸水、蓄水、渗水、净水,需要时将蓄存的水"释放"并加以利用。

海绵城市建设是生态文明城市管理的具体体现,是我国解决雨水出路和水资源可持续利用的必由之路。"十四五"规划《建议》中提出:"增强城市防洪排涝能力,建设海绵城市、韧性城市"。海绵城市建设应基于规划引领、生态优先、安全为重、因地制宜、统筹建设原则,在最大限度地保护城市原有生态系统的前提下,对已经受到破坏的水体和其他自然环境进行生态恢复和修复,并按照对城市生态环境影响最低的开发建设理念,合理控制开发强度。将自然途径与人工措施相结合,在确保城市排水防涝安全的前提下，最大限度地实现雨水在城市区域的积存、渗透和净化，促进雨水资源的利用和生态环境保护。应统筹自然降水、地表水和地下水的系统性，协调给水、排水等水循环利用各环节，并考虑其复杂性和长期性。

根据国际组织倡导地区可持续发展国际理事会定义："韧性城市"是指城市能够凭自身的能力抵御灾害，减轻灾害损失，并合理的调配资源以从灾害中快速恢复过来。国内有关韧性城市建设起步较晚，目前尚处于起步阶段。"十四五"规划《建议》中明确提出要建设韧性城市，2020 年 4 月，习近平总书记在中央财经委员会第七次会议上也强调："要打造宜居城市、韧性城市、智能城市"。在世界百年未有之大变局的时代背景下，城市发展内外环境中的威胁和不确定性不断增加，突发性传染病、恐怖袭击、气候灾害、城市病等已成为全球各大城市的共同挑战。韧性城市能凭借其动态平衡、冗余缓冲和自我修复等特性快速分散风险、自动调整恢复，从而有效抵御外来冲击和减缓内部灾害。

政府应在韧性城市建设过程中发挥规划引导的作用，一是要制定韧性城市建设规划，升级产业形态，完善基础设施建设，增强城市冗余性和抗逆力。二是要创新和健全风险评估机制，运用大数据、人工智能、云计算等新技术和新方法，提高城市风险防控的科学性。三是要完善综合防灾预案，重视居民日常风险意识和防灾自救培训，增强应急行动的预见性和实效性。四是要建立健全城市减灾体系，提升回应力与协同性。五是要倡导多元主体参与联合共治，形成广空间、泛资源、多主体、全流程防御的韧性城市治理体系。

59 农业转移人口市民化

根据马克思农业剩余劳动力转移理论，农业转移人口产生的根源在于城乡之间的利益差距导致的劳动力流动，是世界各国现代化、城镇化发展的必经过程。西方国家的圈地运动导致大批农民成为无产者，不得不转向第二、三产业，而工业革命催生的生产规模扩大和劳动集中，吸纳了大量的农业劳动者来到城市转变为工人。西方国家大多没有城乡户籍差异，建立了相对完整的农业转移人口社会保障体系、城乡公共服务体系和法律制度，并对农业转移人口实施就业培训和社会救济，帮助农业转移人口向市民化进程快速推进。

国内对农业转移人口市民化的研究起源于 20 世纪 90 年代中期。2010 年，"农业转移人口市民化"首次作为正式用语写入"十二五"规划《建议》。2012 年党的十八大报告对农业转移人口市民化进行了明确定义，指从农村转移至城镇的劳动人口不仅历经城乡迁移和职业转变，也获得与城镇户籍居民均等的社会身份和社会权益。因此，农业转移人口市民化不仅指农业户口转化为城镇户口，也指与城镇市民享受同等的政治权利、劳动就业和社会保障等，同时身份意识和技能素质逐步融入城镇生活。改革开放后，我国经济高速发展下人口城镇化率不断提高，但由于存在户籍、土地、财政等限制，户籍人口城镇化率还比较低，农业转移人口存在职业与身份非同步转变、城镇化与市民化相分离等问题。规模日益增加的农业转移人口由于经济地位、制度障碍、文化差距、心理认同、社会关系、土地牵绊等因素很难与城市实现融合。"十四五"及未来一段时期，推动农业转移人口在城镇稳业安居，加快农业转移人口市民化，是现阶段全面提高城镇化质量的重要任务。

推动农业转移人口市民化要多措并举。一是要深化户籍制度改革，以城市存量农业转移人口为重点，不断放宽户籍准入限制，完善差别化落户政策。二是要强化基本公共服务保障，以公办学校为主将农业转移人口随迁子女纳入流入地义务教育保障范围。将非户籍常住人口纳入保障性住房体系，提高农业转移人口住房保障水平。开展大规模职业技能培训，提高农民工就业居住稳定性。三是要健全农业转移人口市民化保障机制，完善财政转移支付与农业转移人口市民化程度挂钩政策。畅通"三权"自愿有偿市场化退出渠道，依法保障农业转移人口农村土地承包权、宅基地使用权、集体收益分配权。

60 建设现代化都市圈

"都市圈"理论研究始于 20 世纪 50 年代，1954 年日本政府将"都市圈"概念界定为：以人口规模 10 万人以上的中心城市为核心，以一日为周期，可以接受该城市某一方面功能服务的区域范围。20 世纪 60 年代，日本又提出了"大都市圈"概念，这与美国的"大都市区"与"都市圈"概念基本相同。都市圈的形成和发展是一个自然演进的过程。19 世纪末到 20 世纪 30 年代，欧美发达国家人口和产业逐步向城镇集聚，产生规模效应和集聚效应，这一时期是以单中心城市为主体的大城市快速形成和发展阶段。第二次世界大战后到 20 世纪 90 年代，中心城市集聚效应依然强劲，但中心城市的用地紧张、交通拥堵、地价上涨、环境恶化等问题导致拥挤扩散效应急剧增强，大都市用地开始从中心城市向郊区扩展，进而形成了由中心城市与其密切联系的卫星城共同构成的都市圈。20 世纪 90 年代至今，都市圈产业结构和空间布局加快优化组合，城市人口分散和空间扩展的趋势更加凸显，都市圈核心区之外的副中心城市和边缘城市崛起，都市圈呈现多中心的发展模式。

20 世纪 80 年代后期，随着我国城镇化的快速推进，国内学

者开始了都市圈相关研究。2018 年，习近平总书记主持召开深
入推进东北振兴座谈会，提出要培育发展现代化都市圈。都市圈
是城市群内部以超大特大城市或辐射带动功能强的大城市为中
心、以 1 小时通勤圈为基本范围的城镇化空间形态。当前我国的
城镇化处于快速发展阶段，核心城市跨越行政边界逐渐与周边城
镇形成联系紧密的都市圈，都市圈开始成为城镇化发展的新形
态、新模式。目前，都市圈已经成为驱动中国经济发展的增长
极，培育和建设现代都市圈成为未来我国区域经济政策调控的主
要目标。

　　建设现代都市圈需要以促进中心城市与周边城市（镇）同城
化发展为方向，总体目标是建设空间结构清晰、城市功能互补、
要素流动有序、产业分工协调、交通往来顺畅、公共服务均衡、
环境和谐宜居的现代化都市圈，基本消除阻碍生产要素自由流动
的行政壁垒和体制机制障碍，完善成本分担和利益共享机制。建
设现代都市圈需要在加快推进基础设施一体化、强化城市间产业
分工协作、加快建设统一开放市场、加快推进公共服务共建共
享、强化生态环境共保共治、率先实现城乡融合发展六个方面下
功夫。

| 第九篇 | **优化区域经济布局
促进区域协调发展**

61 区域协调发展"三大空间布局"

　　城市化地区、农产品主产区、生态功能区三大空间布局的划分来源于《全国主体功能区规划》，在这一规划中，城市化地区、农产品主产区和生态功能区是按照开发内容进行划分而得到的空间类型。这一划分思路有助于明确不同区域的开发方向，完善开发政策，控制开发强度，规范开发秩序，逐步形成人口、经济、资源环境相协调的国土空间开发格局。

　　从具体定义和范围来看，城市化地区的主体功能是提供工业品和服务产品，京津冀、粤港澳大湾区、长三角以及成渝地区等是我国重要的城市化地区或城市群地区。农产品主产区的主体功能是提供农产品，东北平原、黄淮海平原、长江流域、汾渭平原、河套灌区等都是我国重要的农产品主产区。生态功能区的主体功能是提供生态产品，我国大小兴安岭森林生态功能区、三江源草原草甸湿地生态功能区、祁连山冰川与水源涵养生态功能区，以及青海三江源国家公园、东北虎豹国家公园、大熊猫国家公园等各级各类自然保护地都是生态功能区。

　　从功能定位来看，城市化地区要实行开发与保护并重的方针，开发主要是工业化城市化开发，保护主要是保护区域内生态环境和基本农田。从具体思路与要求看,城市化地区要推动高质量发展,加快转变发展方式、优化空间结构、城镇布局、人口分布,加强基础设施互联互通,加快公共服务均等化,强化生态保护和环境治理,成为体现我国国家竞争力的主要区域,成为以国内大循环为主体、国内国际双循环相互促进新发展格局的主体。

从功能定位来看,农产品主产区要实行保护为主、开发为辅的方针,保护主要是保护耕地,禁止开发基本农田;开发主要是以增强农产品生产能力为目标的开发,而不是大规模高强度的工业化城市化开发。从具体思路与要求来看,农产品主产区要保持并提高农产品特别是粮食综合生产能力,加强高标准农田建设,优化农业生产结构和布局,加快农业科技进步和创新,提高农业物质技术装备水平,创新发展新型农业经营主体,有序发展农产品深加工,实施好乡村振兴战略,完善乡村基础设施和公共服务,改善村庄人居环境,成为保障国家农产品安全的主体区域。

从功能定位来看,生态功能区要实行保护为主、限制开发的方针,主要是保护自然生态系统,限制或禁止开发主要是限制或禁止大规模高强度的工业化城市化开发,在某些生态功能区甚至要限制或禁止农牧业开发。从具体思路与要求看,生态功能区要把保护修复自然生态系统、提供生态产品作为发展的首要任务,提供更多优质生态产品以满足人民日益增长的优美生态环境需要。要推进荒漠化、石漠化、水土流失综合治理,强化湿地保护和恢复,完善天然林保护制度,健全草原森林河流湖泊休养生息制度,构建生态廊道和生物多样性保护网络,提升生态系统质量和稳定性。

62 "四大板块"区域战略

进入新时代以来，为了适应国际发展环境和国内发展阶段的变化，党中央、国务院从全局出发，顺应中国特色社会主义进入新时代、区域协调发展进入新阶段的新要求，重新赋予了"四大板块"区域战略新的内涵。

推动西部大开发形成新格局指的是：到 2020 年，西部地区生态环境、营商环境、开放环境、创新环境明显改善，与全国一道全面建成小康社会；到 2035 年，西部地区基本实现社会主义现代化，基本公共服务、基础设施通达程度、人民生活水平与东部地区大体相当的发展目标。推动西部大开发形成新格局必须坚持稳中求进工作总基调，坚持新发展理念，坚持推动高质量发展，坚持以供给侧结构性改革为主线，深化市场化改革、扩大高水平开放，坚定不移推动重大改革举措落实，防范化解推进改革中的重大风险挑战。强化举措抓重点、补短板、强弱项，形成大保护、大开放、高质量发展的新格局。

东北振兴取得新突破意味着要在新时代实现东北地区的全面振兴和全方位振兴，要瞄准方向、保持定力、扬长避短、发挥优势、一以贯之、久久为功，撸起袖子加油干、重塑环境、重振雄风，形成对国家重大战略的坚强支撑。具体而言，推动东北振兴取得新突破必须坚持如下六点原则：以优化营商环境为基础，全面深化改革；以培育壮大新动能为重点，激发创新驱动内生动力；科学统筹精准施策，构建协调发展新格局；更好支持生态建设和粮食生产，巩固提升绿色发展优势；深度融入共建"一带一路"，建设开放合作高地；更加关注补齐民生领域短板，让人民群众共享东北振兴成果。

促进中部地区加快崛起指的是中部地区应该利用当前良好发展势头，紧扣高质量发展要求，乘势而上，扎实工作，推动中部地区崛起再上新台阶。促进中部地区加快崛起要做到如下八点内容：坚持推动制造业高质量发展；提高关键领域自主创新能力；对标国际一流水平，营造稳定公平透明的营商环境；积极承接新兴产业布局和转移；扩大高水平开放；坚持绿色发展，建设绿色发展的美丽中部；做好民生领域重点工作，加快补齐民生短板，完善社会保障体系；完善政策措施和工作机制，加大对中部地区崛起的支持力度。

鼓励东部地区加快推进现代化是党中央在"率先发展"的要求上赋予东部地区的最新定位和更高期待。东部地区作为我国发展基础最好、发展水平最高、科技创新能力最强、治理能力最强的区域，理应在新型工业化、信息化、城镇化、农业现代化、国家治理体系和治理能力现代化等领域继续发挥领先示范作用。

63 "四大协同"区域发展战略

　　京津冀协同发展、长江经济带发展、粤港澳大湾区建设、长三角一体化发展是党的十八大以来出台的四个重大区域战略，是区域协调发展战略的重要组成部分，也是推动未来我国区域经济高质量发展的重要创新平台和新增长极。

　　京津冀协同发展战略提出的现实基础是京津冀地缘相接、人缘相亲，地域一体、文化一脉，历史渊源深厚、交往半径相宜，完全能够相互融合、协同发展。推进京津冀协同发展战略需要坚持六项要求：第一，紧紧抓住"牛鼻子"不放松，积极稳妥有序疏解北京非首都功能。第二，保持历史耐心和战略定力，高质量高标准推动雄安新区规划建设。第三，以北京市级机关搬迁为契机，高质量推动北京城市副中心规划建设。第四，向改革创新要动力，发挥引领高质量发展的重要动力源作用。第五，坚持绿水青山就是金山银山的理念，强化生态环境联建联防联治。第六，坚持以人民为中心，促进基本公共服务共建共享。

　　长江经济带横跨我国东中西三大区域，覆盖上海、江苏、浙江、安徽、江西、湖北、湖南、重庆、四川、云南、贵州等11省（市），面积约205万平方公里，具有独特优势和巨大发展潜力。推动长江经济带发展的基本原则是坚持共抓大保护、不搞大开发。关键是要正确把握整体推进和重点突破、生态环境保护和经济发展、破除旧动能和培育新动能、自我发展和协同发展的关系。推动长江经济带发展立足于五大任务：第一，加快构建综合立体交通走廊。第二，创新驱动产业转型升级。第三，积极推进新型城镇化。第四，努力构建全方位开放新格局。第五，创新区域协调发展体制机制。

粤港澳大湾区包括香港特别行政区、澳门特别行政区和广东省广州市、深圳市、珠海市、佛山市、惠州市、东莞市、中山市、江门市、肇庆市，总面积 5.6 万平方公里，是我国开放程度最高、经济活力最强的区域之一。推进粤港澳大湾区建设主要有七大任务：第一，建设国际科技创新中心。第二，加快基础设施互联互通。第三，构建具有国际竞争力的现代产业体系。第四，推进生态文明建设。第五，建设宜居宜业宜游的优质生活圈。第六，紧密合作共同参与"一带一路"建设。第七，共建粤港澳合作发展平台。

包括上海市、江苏省、浙江省、安徽省全域 35.8 万平方公里的长三角地区是我国经济发展最活跃、开放程度最高、创新能力最强的区域之一，在国家现代化建设大局和全方位开放格局中具有举足轻重的战略地位。推动长三角一体化发展，增强长三角地区创新能力和竞争能力，提高经济集聚度、区域连接性和政策协同效率，对引领全国高质量发展、建设现代化经济体系意义重大。

64 黄河流域生态保护和高质量发展

2019 年 9 月 18 日，在黄河流域生态保护和高质量发展座谈会上，习近平总书记提出黄河流域生态保护和高质量发展的重大国家战略。

黄河是中华民族的母亲河，黄河流域是我国重要的生态屏障和重要的经济地带，是推进巩固拓展攻坚成果同乡村振兴有效衔接的重要区域，在我国经济社会发展和生态安全方面具有十分重要的地位。保护黄河是事关中华民族伟大复兴和永续发展的千秋大计，加强黄河治理保护，推动黄河流域高质量发展，积极支持流域省区巩固脱贫、防止返贫，确保持续增收致富，解决好流域人民群众特别是少数民族群众关心的防洪安全、饮水安全、生态安全等问题，对维护社会稳定、促进民族团结具有重要意义。

推动黄河流域生态保护和高质量发展，要坚持绿水青山就是金山银山的理念，遵循自然规律和客观规律，统筹推进山水林田湖草沙综合治理、系统治理、源头治理。要坚持生态优先、绿色发展，以水而定、量水而行，因地制宜、分类施策，上下游、干支流、左右岸统筹谋划，共同抓好大保护，协同推进大治理。要着力加强生态保护治理、保障黄河长治久安、促进全流域高质量发展、改善人民群众生活、保护传承弘扬黄河文化，让黄河成为造福人民的幸福河。

推动黄河流域生态保护和高质量发展，要大力推进黄河水资源集约节约利用，把水资源作为最大的刚性约束，以节约用水扩大发展空间。要着眼长远减少黄河水旱灾害，加强科学研究，完善防灾减灾体系，提高应对各类灾害能力。要采取有效举措推动黄河流域高质量发展，加快新旧动能转换，建设特色优势现代产业体系，优化城市发展格局，推进乡村振兴。要大力保护和弘扬黄河文化，延续历史文脉，挖掘时代价值，坚定文化自信。要以抓铁有痕、踏石留印的作风推动各项工作落实，加强统筹协调，落实沿黄各省区和有关部门主体责任，加快制定实施具体规划、实施方案和政策体系，努力在"十四五"时期取得明显进展。

推动黄河流域生态保护和高质量发展，要尊重规律，摒弃征服水、征服自然的冲动思想。要加强对黄河流域生态保护和高质量发展的领导，发挥我国社会主义制度集中力量干大事的优越性，牢固树立"一盘棋"思想，尊重规律，更加注重保护和治理的系统性、整体性、协同性，抓紧开展顶层设计，加强重大问题研究，着力创新体制机制，推动黄河流域生态保护和高质量发展迈出新的更大步伐。

推动黄河流域生态保护和高质量发展，非一日之功。要保持历史耐心和战略定力，以功成不必在我的精神境界和功成必定有我的历史担当，既要谋划长远，又要干在当下，一张蓝图绘到底，一茬接着一茬干，让黄河造福人民。

65 海洋强国

党的十八大报告正式提出建设海洋强国。2013年7月30日，习近平总书记强调，建设海洋强国是中国特色社会主义事业的重要组成部分。

21世纪，人类进入了大规模开发利用海洋的时期。海洋在国家经济发展格局和对外开放中的作用更加重要，在维护国家主权、安全、发展利益中的地位更加突出，在国家生态文明建设中的角色更加显著，在国际政治、经济、军事、科技竞争中的战略地位也明显上升。海洋强国是指在开发海洋、利用海洋、保护海洋、管控海洋方面拥有强大综合实力的国家。

我国既是陆地大国，也是海洋大国，拥有广泛的海洋战略利益。在构建以国内大循环为主体，国内国际双循环相互促进的新发展格局中，对海洋资源、空间的依赖程度大幅提高，对管辖海域外的海洋权益的需求全面提升。这些都需要坚持陆海统筹，加快建设海洋强国。

建设海洋强国，要提高海洋资源开发能力，推动海洋经济向质量效益型转变。发达的海洋经济是建设海洋强国的重要支撑。要提高海洋开发能力，扩大海洋开发领域，让海洋经济成为新的增长点。要加强海洋产业规划和指导，优化海洋产业结构，提高海洋经济增长质量，培育壮大海洋战略性新兴产业，提高海洋产业对经济增长的贡献率，努力使海洋产业成为国民经济的支柱产业。

建设海洋强国，要保护海洋生态环境，推动海洋开发方式向循环利用型转变。要下决心采取措施，全力遏制海洋生态环境不断恶化趋势，让我国海洋生态环境有一个明显改观，让人民群众吃上绿色、安全、放心的海产品，享受到碧海蓝天、洁净沙滩。要把海洋生态文明建设纳入海洋开发总布局之中，坚持开发和保护并重、污染防治和生态修复并举，科学合理开发利用海洋资源，推进海洋自然保护区建设，维护海洋自然再生能力。

建设海洋强国，要发展海洋科学技术，推动海洋科技向创新引领型转变。建设海洋强国必须大力发展海洋高新技术。要依靠科技进步和创新，努力突破制约海洋经济发展和海洋生态保护的科技瓶颈。要搞好海洋科技创新总体规划，坚持有所为有所不为，重点在深水、绿色、安全的海洋高技术领域取得突破；尤其要推进海洋经济转型过程中急需的核心技术和关键共性技术的研究开发。

建设海洋强国，要维护国家海洋权益，推动海洋维权向统筹兼顾型转变。要统筹维稳和维权两个大局，坚持维护国家主权、安全、发展利益相统一，维护海洋权益和提升综合国力相匹配。要坚持用和平方式、谈判方式解决争端，努力维护和平稳定。要做好应对各种复杂局面的准备，提高海洋维权能力，坚决维护我国海洋权益。

| 第十篇 | **发展社会主义先进文化
提升国家文化软实力**

66 国家文化软实力

　　"软实力"（Soft Power）概念最早是由美国学者约瑟夫·奈1990年在其《美国定能领导世界吗》一书中提出的，使人们对国际关系的关心从领土、军备、武力、科技进步、经济发展、地域扩张、军事打击等有形的"硬实力"，转向关注文化、价值观、影响力、道德准则、文化感召力等无形的"软实力"。一般来说，"软实力"是指能够影响他国意愿的精神力量、政治制度的吸引力、价值观的感召力和文化的感染力等所谓的软要素表现出来的一种能力，在当今综合国力竞争中的作用越来越突出。在"软实力"要素构成中，文化软实力是其基石与核心，集中体现了一个国家基于文化而具有的凝聚力和生命力，以及由此产生的吸引力和影响力，是世界各国制定文化战略和国家战略的一个重要参照系。

　　文化软实力是一国综合实力的重要组成部分，文化软实力的强弱直接关系到我国的国际竞争力，关系到我国维护自身安全和实现自身利益的能力。2007年党的十七大报告首次提出"要激发全民族文化创造力，提高国家文化软实力"。党的十八大以来，习近平总书记高度重视国家文化软实力建设工作，明确强调："提高国家文化软实力，关系'两个一百年'奋斗目标和中华民族伟大复兴中国梦的实现"，围绕努力夯实国家文化软实力的根基、努力传播当代中国价值观念、努力展示中华文化独特魅力、努力提高国际话语权四个方面作出精辟阐述。"十四五"《纲要》明确提出到 2035 年建成文化强国的战略目标，并列出单独篇章专门阐释"发展社会主义先进文化，提升国家文化软实力"，为今后文化发展谋篇布局、擘画蓝图。

提高文化软实力是党中央统筹国内与国际"两个大局"变革、把握全球范围内和平与发展的新形势新特点而提出的一个文化发展新理念，关系我国在世界文化格局中的定位，关系我国国际地位和国际影响力，关系"两个一百年"奋斗目标和中华民族伟大复兴中国梦的实现。提高国家文化软实力，核心在于要坚持马克思主义在意识形态领域的指导地位，以社会主义核心价值观引领文化建设，加强社会主义精神文明建设；关键在于坚定文化自信，推动中华优秀传统文化创造性转化、创新性发展，继承革命文化，发展社会主义先进文化；目的在于围绕举旗帜、聚民心、育新人、兴文化、展形象的使命任务，促进满足人民文化需求和增强人民精神力量相统一，推进社会主义文化强国建设。

67 文化强国

一个民族的复兴，想要立足于世界民族之林，就必须有优秀的文化作为支撑。塞缪尔·亨廷顿在《文明的冲突》一书中将世界文明划分为八大文明，分别为中华文明、日本文明、印度文明、伊斯兰文明、西方文明、东正教文明、拉美文明、非洲文明。近代以来，西方资本主义文化一直在世界范围内占据主导地位。西方国家自以为是地认为，起始于欧洲的西方文明发展进程是唯一成功和正确的；西方是文明与文化的中心，亚非拉处于文明和文化的边陲，需要通过西方的征服、殖民、教化才能得到开发与开化。近代以来，西方国家对非西方国家不仅拥有物质上的强制力，而且在精神、观念、心理等方面占有绝对优势；西方是世界知识与文化的主要生产地，西方意识形态是世界的"主导"。当代，以美国为首的西方国家继续坚持文化霸权主义，不断对外输出西方的制度模式和思想文化。

中华传统文化同以古希腊、罗马为中心的西方古代文化是在极不相同的背景下、在漫长的自我演进过程中独立发展起来的具有原创性的文化积累，两者相互区别、相互补充，都在人类共有精神财富的坐标系中占据重要位置。文化兴国运兴，文化强民族强。没有高度的文化自信，没有文化的繁荣兴盛，就没有中华民族的伟大复兴。2011年党的十七届六中全会首次提出"建设社会主义文化强国"的战略目标，明确"坚持社会主义先进文化前进方向，以科学发展为主题，以建设社会主义核心价值体系为根本任务，以满足人民精神文化需求为出发点和落脚点"。党的十八大以来，习近平总书记把文化建设放在全局工作的突出位置，把文化自信和道路自信、理论自信、制度自信并列为中国特色社会主义"四个自信"，用"四个重要"对文化建设的地位与作用作了精辟概括。党的十九届五中全会对文化建设提出更高要求，从战略和全局上作了规划和设计，首次明确到2035年"建成文化强国"。

文化是民族生存和发展的重要力量。实现中华民族的伟大复兴，不仅意味着硬实力的提高，文化的复兴也是极为重要的，而繁荣兴盛中华文化，是提升我国文化软实力的根本途径。文化强国，对于每一个中国企业和个人来说，都将是一次千载难逢的历史性机遇，它是中国经济转型升级的重要组成部分，是中国国民生活质量全面提升的重要组成部分。文化强国战略，从大的层面讲是增强国家文化软实力、中华文化国际影响力，通过创新与创造进一步解放文化生产力；从小的层面讲得看我们是否有叫得响的文化作品、我们的创意产业是否位于世界前列、我们的文化理念与价值观能否输出海外。"十四五"时期，党中央明确强调要把文化建设放在全局工作的突出位置，切实抓紧抓好，全面落实"十四五"《纲要》部署的三项重点任务：一是提高社会文明程度；二是提升公共文化服务水平；三是健全现代文化产业体系。

68 网络文明

　　网络文化是指网络上的具有网络社会特征的文化活动及文化产品，是以网络物质的创造发展为基础的网络精神，是伴随人类进入互联网时代而产生的一种新的文明形式，是社会发展进步的重要体现。随着信息化、网络化、数字化和智能化的更新迭代与彼此强化，互联网也变成了网络乱象的滋生地，各种低俗网络文化的蔓延，防不胜防的网络诈骗事件的频发、网络谣言四起以及滥用个人信息等现象，带来了前所未有的治理挑战。党的十八大以来，在以习近平同志为核心的党中央坚强领导下，各地区各部门不断创新理念思路、手段方法、体制机制，从网上正面宣传、网络内容建设、综合治理体系等方面采取一系列重要措施。"十四五"《纲要》更是首次明确提出"加强网络文明建设，发展积极健康的网络文化"。加强网络文明建设是实施网络强国战略的重要内容，是提高社会文明程度的必然要求，是部署落实"十四五"《建议》中明确提出的到 2035 年建成文化强国的战略选择。这充分体现了党中央对时代发展变化和社会实践要求的深刻把握，具有很强的现实指导性和针对性。

　　2016 年，习近平总书记在网信工作座谈会上指出，"网络空间是亿万民众共同的精神家园。网络空间天朗气清、生态良好，符合人民利益。网络空间乌烟瘴气、生态恶化，不符合人民利益"，强调"要加强网络伦理、网络文明建设。发挥道德教化引导作用，用人类文明优秀成果滋养网络空间、修复网络生态"。这一重要论述，为加强网络文明建设指明了方向、提供了遵循。加强网络文明建设，就是要着力用科学理论、先进文化、主流价值占领网络阵地，着力推动文明办网、文明用网、文明上网，着力构筑网络绿色屏障、安全屏障，积极营造风清气正的网络空间。

加强网络文明建设，需要重点把握三个方面：一是加强和创新网络内容建设。要坚持正确政治方向、舆论导向、价值取向，强化网上正面宣传和引导，推进网络内容建设工程，壮大网上主流思想舆论，更好凝聚社会共识，推动构建网上网下最大同心圆。二是广泛开展网络文明实践。要组织开展形式多样、吸引力强的网络文明主题活动，引导社会各方面共同弘扬网络新风，共建网上精神家园；切实加强网络诚信建设，积极开展网络公益活动，推动群众性精神文明创建活动向网络延伸。三是建立健全网络综合治理体系。要加快推动形成党委领导、政府管理、企业履责、社会监督、网民自律等多主体参与，经济、法律、技术等多种手段相结合的综合治理格局，全面提升网络治理能力；切实解决群众反映强烈的突出问题，持续深入开展专项网络整治行动；教育引导广大网民不断提高网络素养，增强辨别是非能力和网络安全意识。

| 第十一篇 | **推动绿色发展**
促进人与自然和谐共生

69 建设人与自然和谐共生的现代化

人与自然的关系是人类社会最基本的关系，人类也总是在同自然的互动中生产、生活和发展。从人类文明进程来看，从原始文明时代畏惧自然到工业文明时代无限制地征服自然、攫取自然，城市化进程大大加快，工业化水平不断提高，但与此同时，对大自然的破坏也日益严重，出现了气候变暖、臭氧层破坏、生物多样性减少、土地荒漠化、大气污染、水体污染等全球性环境问题。马克思指出："自然界，就它自身不是人的身体而言，是人的无机的身体。人靠自然界生活。"正因为如此，人类的一切生产生活活动都要遵循自然规律。自古以来，中华文明也对处理人与自然关系有深刻认识，主张与强调"天人合一""道法自然"的哲理思想，将天地人统一起来、将自然生态同人类文明联系起来，按照大自然的规律活动，取之有时，用之有度。坚持人与自然和谐共生，将人与自然的关系提升到生命共同体的高度。

党的十八大以来，以习近平同志为核心的党中央对生态文明建设高度重视，明确提出坚持人与自然和谐共生，并将其作为新时代坚持和发展中国特色社会主义的基本方略之一，强调"我们要建设的现代化是人与自然和谐共生的现代化"。党的十九届五中全会坚持新发展理念、着眼于推动高质量发展，提出"推动绿色发展，促进人与自然和谐共生"，强调"深入实施可持续发展战略，完善生态文明领域统筹协调机制，构建生态文明体系，促进经济社会发展全面绿色转型，建设人与自然和谐共生的现代化"。建设人与自然和谐共生的现代化，既是推进生态文明建设的更高目标，也是建设社会主义现代化强国的必然要求，是坚持以人民为中心发展原则的根本要求，是贯彻新发展理念、坚持高质量发展的本质所在。

推动形成人与自然和谐发展现代化建设新格局，实现生态文明建设新进步，必须以贯彻落实《纲要》为牵引，加快推动绿色低碳发展，持续改善环境质量，提升生态系统质量和稳定性，全面提高资源利用效率。一是加快推动绿色低碳发展，力争2030年前达到碳排放峰值，力争2060年前实现碳中和。二是持续改善环境质量，基本消除重污染天气、基本消除城市黑臭水体、加强白色污染治理等，并提出制定实行建立地上地下、陆海统筹的生态环境治理制度，强化多污染物协同控制和区域协同治理等多项重要制度机制。三是提升生态系统质量和稳定性，坚持山水林田湖草系统治理，实施生物多样性保护重大工程，加强外来物种管控，强化河湖长制，推行林长制，健全耕地休耕轮作制度，完善自然保护地、生态保护红线监管制度等。四是全面提高资源利用效率，重在通过行政管理手段的不断完善和经济政策工具的科学运用，按照《纲要》决策部署，奋力实现经济社会发展和生态环境保护协调统一、相互促进。

70 绿色金融

　　绿色是新时代社会发展的底色，加快绿色发展是建设"美丽中国"的必由之路。金融是经济的血液，绿色金融是在投融资过程中注重对生态环境的保护和自然资源的有效利用，为绿色发展和转型升级提供综合性金融服务，成为践行绿色发展理念、推进新旧动能转换、实现经济高质量发展的助推器。绿色金融是强化绿色发展的政策保障，具体来看包括两个方面的内容：一是推动绿色产业发展，包括对节能环保、清洁能源、绿色交通、绿色建筑等领域的投融资支持；二是推动传统产业的优化升级，限制淘汰落后产能，加快新旧动能转换步伐，引导资金流向高端产能。发展绿色金融，既要做好循环经济、低碳经济项目的信贷"加法"，加大对先进制造业、现代服务业、文化产业、战略性新兴产业（包括新能源、新材料、新医药、环保、软件和服务外包）等绿色信贷投放力度。同时，要做好对"两高一剩"行业贷款退出的"减法"。在绿色信贷对象选择上要科学甄别客户，通过完善的环境信息识别机制过滤掉"两高一剩"项目，引导社会资本向绿色产业流动。

　　在发展绿色金融的间接融资渠道方面，金融机构不仅要重视大中型企业的环保需求，还要针对新兴节能环保领域的中小微企业轻资产、缺少抵押担保物的现状，实行差异化准入，创新提供诸如知识产权质押贷款、排污权质押贷款、节能收益质押贷款、绿色设备买方信贷、绿色融资租赁、清洁发展机制融资综合解决方案等新产品。发展绿色金融的直接融资渠道方面，需要探索创新碳收益支持票据、绿色产业债务融资工具、碳项目收益债等新型投行类产品，以及大力开发绿色债券、绿色资产证券化、绿色产业基金、绿色信托、绿色保险、绿色证券等融资工具。

在 2016 年召开的二十国集团领导人杭州峰会上，我国运用议题和议程设置主动权，打造亮点，突出特色，开出气势，形成声势，首次把绿色金融列入二十国集团议程，在二十国集团发展史上留下了深刻的中国印记。加强生态环境保护和生态文明建设，建设美丽中国，已经成为我国的重大发展战略。当前，我国正处于经济结构调整和发展方式转变的关键时期，对支持绿色产业和经济社会可持续发展的绿色金融需求持续扩大。构建绿色金融体系，增加绿色金融供给，是贯彻落实"五大发展理念"和发挥金融服务供给侧结构性改革作用的重要举措。

71 绿色生活

"天人合一，道法自然；抱朴见素，少私寡欲。"中华民族自古就有朴素绿色生活意识，也一直在践行着取之有度、用之有节的生活理念。这意识、这理念在今日中国更为重要，因为要在人均拥有资源量极少的情况下，实现中华民族的伟大复兴，就必须践行绿色生活方式。2016年，习近平总书记在中央政治局第四十一次集体学习时强调："要充分认识形成绿色发展方式和生活方式的重要性、紧迫性、艰巨性，把推动形成绿色发展方式和生活方式摆在更加突出的位置"。在"十四五"《纲要》中更是首次提出"开展绿色生活创建行动"。推动形成绿色发展方式和生活方式，是发展观的一场深刻革命。在建设人与自然和谐共生的现代化新征程中，开展绿色生活创建活动，就是要让良好生态环境这一最公平的公共产品和最普惠的民生福祉成为人民更加美好生活的增长点、成为经济社会持续健康发展的支撑点。

开展绿色生活创建行动，是贯彻落实习近平生态文明思想和党的十九大精神的重要举措，是"十四五"时期促进我国经济社会发展全面绿色转型的重要任务，是坚定走生产发展、生活富裕、生态良好的文明发展道路的重要部署。在党的十九大报告中强调，"倡导简约适度、绿色低碳的生活方式，反对奢侈浪费和不合理消费，开展创建节约型机关、绿色家庭、绿色学校、绿色社区和绿色出行等行动"。绿色生活创建活动涉及领域多、覆盖范围广，需要系统推进、广泛参与、突出重点、分类施策。首先，关键要加强教育引导，提升广大群众绿色生活创建的主动性和自觉性。"十四五"时期，要把节约资源作为从源头上保护环境的治本之策，不断强化节约意识，切实养成节约习惯，积极践行绿色低碳的消费模式和生活方式。把生态文明理念深度融入课堂教学、主题讲座、环保法律宣讲和科技创新活动，培养群众的环保意识、生态意识和法治意识。其次，要以绿色家庭创建为依托，调动家庭成员绿色生活创建的积极性。面向广大城乡家庭，以"美丽中国，我是行动者""绿色生活，最美家庭"等主题活动为依托，优先采购使用节能电器、节水器具等绿色产品，引导家庭成员勤俭节约，实行生活垃圾减量分类，鼓励绿色出行方式，减少家庭能源资源消耗。最后，要强化组织管理，增强社区成员绿色生活创建的规范性。社区管理部门将绿色发展理念贯穿于社区设计、建设、管理和服务等活动的全过程。制定节能节水、绿化环卫、垃圾分类处置、公共设施维护的科学流程和指引。利用人工智能、大数据技术优化和规范社区车辆、噪音等问题管理，监控社区资源使用情况，监测社区环境卫生，创设宜居环境，传播绿色消费、绿色出行理念，积极构建绿色社区文化。应把珍惜生态、保护资源和爱护环境纳入社区精神文明创建体系中，设计出具体的绿色生活评价指标体系，为社区绿色生活创建提供行动指引。

72 碳排放达峰行动方案

二氧化碳排放量可导致全球变暖这一环境问题直到 20 世纪 70 年代才引起大众的广泛关注。1988 年，为了让决策者和一般公众更好地理解气候科研成果，联合国环境规划署（UNEP）和世界气象组织（WMO）成立了政府间气候变化专门委员会（IPCC），并于 1992 年 5 月达成《联合国气候变化框架公约》，随后又达成了《京都议定书》（1997 年）与《巴黎协定》（2015 年）两项协定，其中《巴黎协定》制定了长期目标，将全球平均气温上升幅度控制在 2℃以内，且全球温室气体应在 2020 年或更早达到峰值，到本世纪下半叶实现净零排放。早在 2015 年，我国就向联合国提交了《强化应对气候变化行动——中国国家自主贡献》，并确定了"二氧化碳排放 2030 年左右达到峰值并争取尽早达峰"。"十四五"《纲要》更是明确强调，"降低碳排放强度，支持有条件的地方率先达成碳排放峰值，制定二〇三〇年前碳排放达峰行动方案"；并在 2020 年中央经济工作会议确立"做好碳达峰、碳中和工作"，即我国二氧化碳排放力争 2030 年前达到峰值，力争 2060 年前实现碳中和。

碳排放指的是二氧化碳排放。所谓碳排放达峰，本质是实现绿色低碳转型，并不单指在某一年达到最大排放量，而是一个过程，即碳排放首先进入平台期并可能在一定范围内波动，然后进入平稳下降阶段，是二氧化碳排放量由增转降的历史拐点，标志着碳排放与经济发展实现脱钩，达峰目标包括达峰年份和峰值。所谓"碳中和"是指某个地区在一定时间内（一般指一年）人为活动直接和间接排放的二氧化碳，与其通过植树造林等吸收的二氧化碳相互抵消，实现二氧化碳"净零排放"。"碳达峰"与"碳中和"紧密相连，前者是后者的基础和前提，达峰时间的早晚和峰值的高低直接影响碳中和实现的时长和实现的难度；而后者是对前者的紧约束，要求达峰行动方案必须要在实现碳中和的引领下制定。

"碳排放达峰行动方案"是"十四五"《纲要》中提出的生态环境治理方案，是我国为提高国家自主贡献目标采取的更加有力的政策和措施，是为保护地球家园迈出的决定性步伐，这展现了中国作为负责任大国积极履行对国际社会作出承诺的鲜明态度。我国应对气候变化自主行动目标的进展虽然总体顺利，但仍然面临较大挑战，"十四五"时期全国重点行业和地区碳排放减排压力仍然巨大。需要在国民经济与社会发展的各方面、各领域、各层级贯彻落实，要做到始终坚持新发展理念，系统谋划"十四五"生态环境保护，编制实施2030年前碳排放达峰行动方案，继续开展污染防治行动，持续加强生态保护和修复，确保核与辐射安全，依法推进生态环境保护督察执法，有效防范化解生态环境风险，做好基础支撑保障工作，推进生态环境治理体系和治理能力现代化。

73 国土空间开发保护新格局

《中共中央关于制定国民经济和社会发展第十四个五年规划和二〇三五年远景目标的建议》提出要形成主体功能明显、优势互补、高质量发展的国土空间开发保护新格局。这是在党的十八大、十八届三中全会、十九大从制度层面提出建立国土空间开发保护制度基础上，在我国即将全面建成小康社会、开启全面建设社会主义现代化国家新征程的历史时刻提出的重大战略，对优化国土空间布局，推进区域协调发展和新型城镇化具有十分重大的意义。

第一，这是尊重自然、建设人与自然和谐共生现代化的需要。党的十九大提出，我们要建设的现代化是人与自然和谐共生的现代化。人与自然和谐共生，必须立足资源环境承载能力，发挥各地比较优势，构建科学合理的空间格局。第二，这是高效利用国土空间、实现空间高质量发展的需要。我国经济已由高速增长转向高质量发展阶段。高质量发展，不仅包括产业行业的高质量发展，也必须包括空间的高质量发展。实现空间的高质量发展，最基础的就是根据不同空间的资源环境承载能力，合理布局三大空间格局，明确哪类空间要有序有度开发，哪类空间要优化或重点开发，哪类空间要限制或禁止开发。第三，这是施行空间治理、实现国家治理现代化的需要。空间治理是国家治理体系的重要组成部分。党的十八届五中全会首次提出空间治理，空间治理水平的提升是国家治理体系和治理能力现代化的重要支撑。

构建国土空间开发保护新格局要立足于高质量的空间治理体系，要完善和落实主体功能区战略，细化主体功能区划分，按照主体功能定位划分政策单元，对重点开发地区、生态脆弱地区、能源资源地区等制定差异化政策，分类精准施策。

支持城市化地区高效集聚经济和人口，要把支持经济发展和集聚人口的政策进一步向城市化地区聚焦，要求城市化地区高标准保护基本农田和生态空间；支持农产品主产区增强农业生产能力，要统筹协调农业水利设施建设、高标准农田建设工程、农业科技和装备、农业良种化战略、智慧农业、农业现代化示范区等重大政策和举措，把支持农业发展的政策进一步向农产品主产区聚焦；支持生态功能区把发展重点放到保护生态环境、提供生态产品上，把重大生态系统保护修复、防洪减灾、生物多样性保护、大江大河和重要湖泊湿地生态保护治理、荒漠化石漠化水土流失综合治理、国土绿化、草原森林河流湖泊休养生息等重大任务和工程，在落实中要进一步向重点生态功能区倾斜，支持生态功能区的人口逐步有序转移。

74 生态保护红线监管制度

生态空间是指具有自然属性、以提供生态服务或生态产品为主体功能的国土空间，包括森林、草原、湿地、河流、湖泊、滩涂、岸线、海洋、荒地、荒漠、戈壁、冰川、高山冻原、无居民海岛等。生态保护红线是指在生态空间范围内具有特殊重要生态功能、必须强制性严格保护的区域，是保障和维护国家生态安全的底线和生命线，通常包括具有重要水源涵养、生物多样性维护、水土保持、防风固沙、海岸生态稳定等功能的生态功能重要区域，以及水土流失、土地沙化、石漠化、盐渍化等生态环境敏感脆弱区域。生态保护红线监管制度要求实现一条红线管控重要生态空间，确保生态功能不降低、面积不减少、性质不改变，维护国家生态安全，促进经济社会可持续发展。

生态保护红线监管制度是贯彻落实主体功能区制度、实施生态空间用途管制的重要举措，是提高生态产品供给能力和生态系统服务功能、构建国家生态安全格局的有效手段，是健全生态文明制度体系、推动绿色发展的有力保障。

生态保护红线监管制度主要包括生态保护红线划定和生态保护红线的刚性约束两部分内容。

前者要求制定生态保护红线划定技术规范，明确水源涵养、生物多样性维护、水土保持、防风固沙等生态功能重要区域，以及水土流失、土地沙化、石漠化、盐渍化等生态环境敏感脆弱区域的评价方法，识别生态功能重要区域和生态环境敏感脆弱区域的空间分布。将上述两类区域进行空间叠加，划入生态保护红线，涵盖所有国家级、省级禁止开发区域，以及有必要严格保护的其他各类保护地等。同时，要将生态保护红线落实到地块，明确生态系统类型、主要生态功能，通过自然资源统一确权登记明确用地性质与土地权属，形成生态保护红线全国"一张图"。在勘界基础上设立统一规范的标识标牌，确保生态保护红线落地准确、边界清晰。

后者要求生态保护红线划定后，要通过如下措施确立和保障生态保护红线优先地位和约束作用：第一，空间规划编制要将生态保护红线作为重要基础。第二，生态保护红线原则上按禁止开发区域的要求进行管理，严禁任意改变用途。第三，加大生态保护补偿力度，完善国家重点生态功能区转移支付政策。第四，实施生态保护红线保护与修复，制定实施生态系统保护与修复方案。第五，有关部门要加快建设和完善生态保护红线综合监测网络体系，提高生态保护红线管理决策科学化水平。第六，开展定期评价。建立生态保护红线生态功能评价指标体系和方法并将评价结果纳入生态文明建设目标评价考核体系，作为党政领导班子和领导干部综合评价及责任追究、离任审计的重要参考。第七，强化执法监督、严格责任追究。对违反生态保护红线管控要求、造成生态破坏的部门、地方、单位和有关责任人员，按照有关法律法规实行责任追究。

75 完善资源价格形成机制

全民所有自然资源是宪法和法律规定属于国家所有的各类自然资源，主要包括国有土地资源、水资源、矿产资源、国有森林资源、国有草原资源、海域海岛资源等。完善资源价格形成机制指的是健全主要由市场决定资源价格的机制，最大限度地减少政府对资源价格形成的不当干预，建立健全充分反映市场供求和资源稀缺程度、体现生态价值和环境损害成本的资源价格机制，完善自然资源价格和税费政策，加大对节地、节水、节能、节矿的经济调节作用。

一方面，完善资源价格形成机制是提高资源利用效率的前提条件。全面提高资源利用效率既是破解保护与发展突出矛盾的迫切需要、促进人与自然和谐共生的必然要求，更是事关中华民族永续发展和伟大复兴的重大战略问题。然而，由于当前我国人均资源不足的基本国情尚未改变，资源粗放利用问题依然突出、城乡建设仍以外延扩张的发展模式为主，资源过度开发导致生态系统退化形势依然严峻，全面提高资源利用效率仍然大有空间。资源价格形成机制由于能够决定资源使用成本，对资源利用效率具有直接影响，全面提升资源利用效率必须以完善资源价格形成机制为前提。

另一方面，完善资源价格形成机制是自然资源资产有偿使用制度的基础，也是建立健全绿色低碳循环发展的经济体系，推动我国绿色发展迈上新台阶的根本支撑。2030年"碳达峰"和2060年"碳中和"的排放目标必然要求尽快建立健全绿色低碳循环发展的经济体系，这一目标顺利形成的重要支撑基础是自然资源资产有偿使用制度，而资源价格形成机制无疑是自然资源资产有偿使用制度的核心内容。

完善资源价格机制需要做到：首先，在坚持全民所有制的前提下，创新全民所有自然资源资产所有权实现形式，推动所有权和使用权分离，完善全民所有自然资源资产使用权体系，丰富自然资源资产使用权权利类型，适度扩大使用权的出让、转让、出租、担保、入股等权能，夯实权利基础。其次，需要充分发挥市场配置资源的决定性作用，按照公开、公平、公正和竞争择优的要求，明确全民所有自然资源资产有偿使用准入条件、方式和程序，推动将全民所有自然资源资产有偿使用逐步纳入统一的公共资源交易平台，完善全民所有自然资源资产价格评估方法和管理制度。再次，需要明确全民所有自然资源资产有偿处置的主体，合理划分中央和地方政府对全民所有自然资源资产的处置权限，创新管理体制，明确和落实主体责任，实现效率和公平相统一。最后，需要建立健全市场主体信用评价制度，强化自然资源主管部门和财政等部门协同，发挥纪检监察、司法、审计等机构作用，完善国家自然资源资产管理体制和自然资源监管体制，创新管理方式方法，实现对全民所有自然资源资产有偿使用全程动态有效监管。

| 第十二篇 | **实行高水平对外开放**
开拓合作共赢新局面

76 建设更高水平开放型经济新体制

　　对外开放是我国的基本国策，是国家繁荣发展的必由之路。习近平总书记指出，"中国坚持改革开放不动摇。中国越发展，就越开放"。开放是中国特色社会主义制度的重要特征。建设更高水平开放型经济新体制，就是要进一步打通国内国际两个市场、高效利用国内国际两种资源，形成统一开放、竞争有序的现代市场体系，充分发挥市场在资源配置中的决定性作用，更好发挥政府作用，促进国内国际要素资源有序自由流动、全球高效配置。

　　增强对外贸易综合竞争力。当前，我国第一货物贸易大国地位更加巩固。随着外部环境和我国要素禀赋的变化，需要加快转变外贸发展方式，推进贸易强国建设。一是深入推进"五个优化""三项建设"。不断优化国际市场布局、国内区域布局、经营主体、商品结构、贸易方式，加快建设外贸转型升级基地、贸易促进平台、国际营销体系。二是推动贸易创新发展。深化贸易领域科技创新、制度创新、模式和业态创新，加快发展跨境电商、市场采购贸易、外贸综合服务等新业态，创新发展服务贸易。三是促进内外贸一体化发展。完善调控体系，促进监管体制、经营资质、标准等衔接。依托国内大市场，增加优质产品进口，满足产业升级和人民美好生活需要。

实现高质量引进来和高水平走出去。我国已成为双向投资大国，为全球高效配置资源发挥了重要作用。促进双向投资与世界经济深度互动，需要进一步提质增效。一是提高利用外资质量。稳存量、促增量并举，完善外资准入前国民待遇加负面清单管理制度，有序扩大服务业对外开放，引导外资更多投向先进制造业、现代服务业等领域，创新提升国家级经开区、边合区、跨合区、综合保税区等开放平台。二是提升对外投资水平。创新对外投资方式，鼓励有实力、信誉好的企业走出去，规范企业海外经营行为，树立中国投资形象。三是强化服务保障。深入落实外商投资法及其配套法规，依法保护外资企业合法权益，优化营商环境，让外商放心、安心、有发展。健全促进和保障境外投资政策和服务体系，对外商签高水平投资协定，推动完善境外中资企业商会联席会议机制。

建设对外开放新高地。我国已设立 21 个自贸试验区，出台海南自贸港建设总体方案，进博会成为新时代对外开放里程碑。未来需要更好发挥示范引领作用。一是高水平建设自贸试验区。进一步完善区域布局，赋予自贸试验区更大改革自主权，加强差别化探索，形成更多制度创新成果。二是稳步推进海南自贸港建设。以贸易投资自由化便利化为重点，促进要素跨境自由有序安全便捷流动，建设中国特色自贸港。三是发挥好进博会等重要展会平台作用。打造国际采购、投资促进、人文交流、开放合作平台，确保进博会越办越好。拓展广交会、服贸会等重要展会功能，培育更多有国际影响力的展会平台。

77 完善自由贸易试验区布局

　　自由贸易试验区（Free Trade Zone，FTZ），是在贸易和投资等方面比世贸组织有关规定更加优惠的贸易安排，在主权国家或地区的关境以内，划出特定的区域，准许外国商品豁免关税自由进出。实质上是采取自由港政策的关税隔离区。我国的第一个自由贸易试验区是 2013 年设立的（上海）自由贸易试验区。

　　2014 年全国两会期间，习近平总书记在参加上海代表团审议时强调，建设自由贸易试验区，是党中央为推进新形势下改革开放提出的一项重大举措。要牢牢把握国际通行规则，加快形成与国际投资、贸易通行规则相衔接的基本制度体系和监管模式，既充分发挥市场在资源配置中的决定性作用，又更好发挥政府作用。要大胆闯、大胆试、自主改，尽快形成一批可复制、可推广的新制度，加快在促进投资贸易便利、监管高效便捷、法制环境规范等方面先试出首批管用、有效的成果。要扩大服务业对外开放，引进国际先进经验，提高服务业能级和水平。从我国现实国情来看，中国外贸呈现出"一平、一顺、一逆"的格局。一般贸易基本维持平衡，加工贸易巨额顺差，服务贸易逆差。服务贸易一直是中国的一个短板，而在现实中，中国消费者在教育培训、养老服务、医疗保健等生活服务方面的需求潜力很大，中国还需要进口大量先进技术和高端服务，可以看出，中国无论在生产性服务还是在消费性服务方面都有巨大的市场空间。

2013 年自上海自贸试验区成立以来，中国已经分多批次批准了 18 个自贸试验区，已经初步形成了"1+3+7+1+6"的基本格局，形成了东西南北中协调、陆海统筹的开放态势，推动形成了我国新一轮全面开放格局。我国自贸试验区特点主要表现在一是突出扩大开放。立足各自区位优势，深化与周边国家和地区经贸合作，更好服务对外开放总体战略布局。比如，广西自贸试验区围绕构建国际陆海贸易新通道，深化沿边对外开放，推动跨境贸易、跨境物流、跨境劳务合作等发展；黑龙江自贸试验区进一步扩大对俄罗斯合作，积极推动人员出入境便利、企业"走出去"；河北自贸试验区支持生物医药和生命健康产业开放发展。二是突出引领高质量发展。充分发挥战略叠加优势，通过制度创新，破解发展难题，推动发展质量变革、效率变革、动力变革，聚集新产业、新业态、新模式。比如，山东自贸试验区围绕发展海洋经济，加快推动海洋科技创新，培育东北亚水产品加工和贸易中心，推进国家海洋药物中试基地建设，提升海洋国际合作水平；江苏自贸试验区推动科技与产业融合，促进集成电路、人工智能、生物医药、纳米技术应用等产业创新发展。三是突出服务和融入国家重大战略。进一步对标高标准国际经贸规则，充分利用各地资源禀赋优势与区位优势，形成各有侧重、各具特色的试点格局，积极服务"一带一路"建设、京津冀协同发展、长江经济带发展、东北振兴、长三角区域一体化发展、海洋强国等国家战略。

78 "一带一路"高质量发展

　　2013 年秋天，习近平总书记分别在哈萨克斯坦和印度尼西亚提出共建丝绸之路经济带和 21 世纪海上丝绸之路，即"一带一路"倡议，得到国际社会高度关注。共建"一带一路"，目的是聚焦互联互通，深化务实合作，携手应对人类面临的各种风险挑战，实现互利共赢、共同发展。"一带一路"践行 7 年来，一大批合作项目落地生根，我国已与 168 个国家和国际组织签署了共建"一带一路"合作协议。共建"一带一路"倡议同联合国、东盟、非盟、欧盟、欧亚经济联盟等国际和地区组织的发展和合作规划对接，同各国发展战略对接。从亚欧大陆到非洲、美洲、大洋洲，共建"一带一路"为世界经济增长开辟了新空间，为国际贸易和投资搭建了新平台，为完善全球经济治理拓展了新实践，为增进各国民生福祉作出了新贡献，成为共同的机遇之路、繁荣之路。

　　习近平主席在 2019 年第二届"一带一路"国际合作高峰论坛开幕式上的主旨演讲中提到，"共建'一带一路'，顺应经济全球化的历史潮流，顺应全球治理体系变革的时代要求，顺应各国人民过上更好日子的强烈愿望。面向未来，我们要聚焦重点、深耕细作，共同绘制精谨细腻的'工笔画'，推动共建'一带一路'沿着高质量发展方向不断前进。"第一，继续秉持共商共建共享原则，倡导多边主义，推动各方各施所长、各尽所能，通过双边合作、三方合作、多边合作等各种形式，把各国的优势和潜能充分发挥出来。第二，坚持开放、绿色、廉洁理念，把绿色作为底色，推动绿色基础设施建设、绿色投资、绿色金融，愿同各方共建风清气正的丝绸之路。第三，努力实现高标准、惠民生、可持续目标，引入各方普遍支持的规则标准，推动企业在项目建设、运营、采购、招投标等环节按照普遍接受的国际规则标准进行时要尊重各国法律法规。坚持以人民为中心的发展思想，聚焦消除贫困、增加就业、改善民生，让共建"一带一路"成果更好惠及全体人民，为当地经济社会发展作出实实在在的贡献；同时确保商业和财政上的可持续性，做到善始善终、善作善成。第四，推动基础设施互联互通，拓展第三方市场合作。基础设施是互联互通的基石，也是许多国家发展面临的瓶颈。建设高质量、可持续、抗风险、价格合理、包容可及的基础设施，有利于各国充分发挥资源禀赋，更好融入全球供应链、产业链、价值链，实现联动发展。第五，推进规划政策对接和人文沟通。不断深化政策沟通，将对共建"一带一路"发挥重要先导作用。推进战略、规划、机制对接，不断完善多双边经贸合作机制，继续推动与各国发展战略、区域和国际发展议程有效对接，发掘合作新潜力。促进人文交流。

79 更加公正合理的全球经济治理体系

　　2018 年 11 月 17 日，习近平总书记在出席亚太经合组织工商领导人峰会并发表题为《同舟共济创造美好未来》的主旨演讲中提到，"全球经济治理体系要想公平有效，必须跟上时代。我们应该秉持共商共建共享理念，推动全球经济治理体系变革。变革过程应该体现平等、开放、透明、包容精神，提高发展中国家代表性和发言权，遇到分歧应该通过协商解决，不能搞小圈子，不能强加于人。历史告诉我们，如果走上对抗的道路，无论是冷战、热战还是贸易战，都不会有真正的赢家。国与国只要平等相待、互谅互让，就没有通过协商解决不了的问题"。

　　面对世界经济格局发展变化，全球经济治理需要与时俱进、因时而变。积极参与全球经济治理体系改革，这要求坚持多边主义，坚持平等协商、互利共赢，推动形成更加包容的全球治理、更加有效的多边机制、更加积极的区域合作。

　　推动完善更加公正合理的全球经济治理体系。破解全球治理难题，需要充分发挥国际性、区域性机制作用，提出更多中国倡议、中国方案，促进国际经济秩序朝着平等公正、合作共赢的方向发展。一是坚定维护多边贸易体制。坚决反对单边主义、保护主义，维护多边贸易体制主渠道地位，积极参与世贸组织改革。二是积极参与全球经济治理。加强与联合国及其附属机构合作，巩固发展二十国集团贸易投资机制，加强金砖国家经贸合作。三是深化区域次区域合作。建设性参与亚太经合组织、上海合作组织等区域合作机制，推动澜湄合作等次区域合作不断深化拓展。

推动新兴领域经济治理规则制定。新一轮科技革命和产业变革深入发展，为完善全球经济治理带来新机遇。积极参与和推动规则制定，有利于增进新兴领域全球合作。一是推动投资便利化规则制定。依托世贸组织等机制，推动在全球层面深入讨论投资便利化问题，推动建立投资便利化多边框架。二是增强数字经济规则制定能力。加强数字经济领域国际合作，推动电子商务等规则制定，促进建立开放、安全的全球数字经济发展环境。三是提高参与国际金融治理能力。加强金融监管协调，稳步推动人民币国际化，维护公平开放的全球金融市场。

构建面向全球的高标准自由贸易区网络。随着《区域全面经济伙伴关系协定》的签署，我国已与26个国家和地区签署了19个自贸协定，有力促进了贸易投资自由化。当前区域经济合作势头加快，实施自贸区提升战略的重要性更加凸显。一是优化自贸区布局。加快中日韩等自贸协定谈判，推动亚太自贸区进程，同更多国家和地区开展自贸协定谈判。二是提升自贸协定水平。不断提高货物贸易自由化便利化水平，推进高标准服务贸易和投资负面清单谈判，积极参与新议题谈判。三是用好自贸协定成果。做好自贸协定推广与实施，进一步提高自贸协定利用率，帮助企业用足用好相关优惠政策。

80 构建新型国际关系和人类命运共同体

党的十九大报告用两个"构建"指明了中国外交的方向，明确了中国特色大国外交要推动构建新型国际关系，推动构建人类命运共同体，这成为习近平新时代中国特色社会主义思想的重要内容，是新时代我国对外工作的目标和方向。坚持和完善独立自主的和平外交政策，推动构建人类命运共同体。始终不渝走和平发展道路、奉行互利共赢的开放战略，围绕党和国家工作全局和重要节点加强谋篇布局，不断开创中国特色大国外交新局面。坚持在和平共处五项原则基础上发展同各国友好合作，积极开展与世界各国交流互鉴。反对一切形式的霸权主义、强权政治，维护全球战略稳定，推动建设相互尊重、公平正义、合作共赢的新型国际关系。

2017 年 1 月 18 日，在联合国日内瓦总部，习近平主席发表题为《共同构建人类命运共同体》的主旨演讲，回答了中国为何要推动构建人类命运共同体、要构建一个什么样的人类命运共同体，以及怎样构建人类命运共同体这三大基本问题，明确构建人类命运共同体旨在建设一个持久和平的世界、一个普遍安全的世界、一个共同繁荣的世界、一个开放包容的世界和一个清洁美丽的世界。这个演讲让构建人类命运共同体的中国方案植根于公认的国际秩序原则之中，并使之与联合国崇高事业全面对接，凸显了中国角色、中国贡献、中国担当，产生了广泛的世界影响。中国把构建人类命运共同体理念成功变成全球性共识，推动其多次载入联合国相关决议，取得历史性突破。2 月 10 日，联合国社会发展委员会第 55 届会议通过"非洲发展新伙伴关系的社会层面"决议，"构建人类命运共同体"理念首次被写入联合国决议。3 月 17 日，联合国安理会通过关于阿富汗问题的第 2344 号决议，"构建人类命运共同体"理念首次载入安理会决议。这若干个"首次"均体现了国际社会共识，彰显了中国理念和中国方案对全球治理的重要贡献。

构建人类命运共同体思想的内涵极其丰富、深刻，其核心就是："建设持久和平、普遍安全、共同繁荣、开放包容、清洁美丽的世界"。可以从政治、安全、经济、文化、生态 5 个方面推动构建人类命运共同体。政治上，要相互尊重、平等协商，坚决摒弃冷战思维和强权政治，走对话而不对抗、结伴而不结盟的国与国交往新路；安全上，要坚持以对话解决争端、以协商化解分歧，统筹应对传统和非传统安全威胁，反对一切形式的恐怖主义；经济上，要同舟共济，促进贸易和投资自由化便利化，推动经济全球化朝着更加开放、包容、普惠、平衡、共赢的方向发展；文化上，要尊重世界文明多样性，以文明交流超越文明隔阂、文明互鉴超越文明冲突、文明共存超越文明优越；生态上，要坚持环境友好，合作应对气候变化，保护好人类赖以生存的地球家园。

| 第十三篇 | **提升国民素质
促进人的全面发展**

81 高质量教育体系

　　"十四五"时期，我国将乘势而上开启全面建设社会主义现代化国家新征程、向第二个百年奋斗目标进军，必须进一步发挥教育"国之大计、党之大计"的基础性、先导性、全局性作用，构建与社会主义现代化强国建设相适应的高质量教育体系，培养德智体美劳全面发展的社会主义建设者和接班人。为此，《建议》和《纲要》都明确了"建设高质量教育体系"的政策目标和具体要求，提出了到 2035 年建成教育强国的远景目标。

　　建设高质量教育体系必须坚持党对教育工作的全面领导，坚持以人民为中心，二者相互促进、有机统一。"党政军民学，东西南北中，党是领导一切的。"只有坚持党对教育工作的全面领导，才能有力保证中国特色社会主义教育发展道路和社会主义办学方向，才能坚持以人民为中心发展教育事业，使教育事业为提高人民思想道德素质、科学文化素质和身心健康素质服务。

　　建设高质量教育体系要健全学校家庭社会协同育人机制。习近平总书记指出，"办好教育事业，家庭、学校、政府、社会都有责任"。要从制度层面入手，建成畅通有序的社会参与教育治理渠道和网络，形成全社会共同参与建设、共同参与治理、共同分享成果的教育发展新格局，构建教育发展的良好生态和育人环境。

建设高质量教育体系要统筹发展不同层次的教育体系。一是推进基本公共教育均等化，重点补齐农村地区、边远贫困地区和城市学前教育短板；完善特殊教育、专门教育保障机制；提高民族地区教育质量和水平。二是增强职业技术教育适应性，完善职业技术教育国家标准，建设一批高水平职业技术院校和专业，深化产教融合、校企合作，大力培养技术技能型人才，建设技能中国。三是提高高等教育质量，分类建设一流大学和一流学科，支持发展高水平研究型大学，加快基础学科高层次人才和理工农医类专业紧缺人才培养。四是构建服务全民终身学习的教育体系，充分利用新技术新模式，沿着"实现人人皆学、处处能学、时时可学"方向，开辟我国终身学习体系和学习型社会的建设新境界。

建设高质量教育体系要建设高素质专业化教师队伍。加强师德师风建设，完善教师管理和发展政策体系；重点建设一批师范教育基地，支持高水平综合大学开展教师教育，支持高水平工科大学举办职业技术师范专业，建立高等学校、职业学校与行业企业联合培养"双师型"教师机制；深化中小学、幼儿园教师管理综合改革。

建设高质量教育体系要在深化改革上迈开新步。构建中国特色世界水平的教育评价制度和机制；加大教育经费投入，改革完善经费使用管理制度；完善学校内部治理结构，有序引导社会参与学校治理；推进高水平大学开放教育资源；支持和规范民办教育发展，开展高水平中外合作办学。

82 健康中国

2014 年 12 月，习近平总书记考察江苏省镇江市世业镇卫生院时指出，"没有全民健康，就没有全面小康"。党的十八届五中全会通过的《中共中央关于制定国民经济和社会发展第十三个五年规划的建议》中提出推进健康中国建设。至此，健康中国上升为国家战略。党的十九届五中全会通过的《中共中央关于制定国民经济和社会发展第十四个五年规划和二〇三五年远景目标的建议》提出了"全面推进健康中国建设"的重大任务，这是我国卫生健康事业发展理念的重大创新和发展方式的重大转变。

当前，我国社会的主要矛盾已经转化为人民日益增长的美好生活需要和不平衡不充分的发展之间的矛盾。人民群众对健康有了更高的需求，不仅需要看得上病、看得起病，而且想要少生病、不生病；不仅需要身体健康、心理健康，而且需要良好的生态环境；不仅需要获得健康服务，而且需要普及健康知识。保障国民健康不仅是医疗卫生领域的问题，而且是涉及经济社会发展全局的问题。在抗击新冠肺炎疫情的过程中，在以习近平同志为核心的党中央坚强领导下，采取坚决果断措施，统筹疫情防控和经济社会发展，在全球率先实现经济重启复苏，成为 2020 年世界唯一经济正增长的主要经济体。新冠肺炎疫情防控取得的重大战略成果，生动证明了全面推进健康中国建设是维护国家公共安全的重要保障，是关系我国现代化建设全局的战略任务。

全面推进健康中国建设就是要把保障人民健康放在优先发展的战略位置，树立大卫生、大健康的观念，把以治病为中心转变为以人民健康为中心。全面推进健康中国建设要立足全人群和全生命周期两个着力点，突出解决好妇幼、老年人、残疾人、流动人口、低收入人群等重点人群的健康问题，实现从胎儿到生命终点的全程健康服务和健康保障。深入实施健康工作行动，按照 2019 年国务院印发《关于实施健康中国行动的意见》的要求，推进 15 个专项行动。针对人民群众主要健康问题和影响因素，完善国民健康促进政策，加强综合干预，普及健康知识，引导人们养成良好的行为习惯和生活方式。

全面推进健康中国建设要以改革创新为动力，持续深化医药卫生体制改革。加快优质医疗资源扩容和区域均衡布局，推进国家医学中心和区域医疗中心建设，强化医联体网格化布局，持续提升县域服务能力。加强公立医院建设和管理考核，完善公立医院补偿和运行机制，推动公立医院高质量发展。落实中医药特色发展的政策措施，推动中医药传承创新发展。

全面推进健康中国建设要以安全为底线，织牢公共卫生防护网。完善疾病预防控制体系，在理顺体制机制、明确功能定位、提升专业能力等方面加大改革力度。落实医疗机构公共卫生责任，创新医防协同机制。健全医疗救治、科技支撑、物资保障体系，提高应对突发公共卫生事件的能力。

83 推动构建人类卫生健康共同体

2020 年 6 月 2 日，习近平总书记主持召开专家学者座谈会并强调，这次疫情发生以来，我们秉持人类命运共同体理念，积极履行国际义务，密切同世界卫生组织和相关国家友好合作，主动同国际社会分享疫情和病毒信息、抗疫经验做法，向 100 多个国家和国际组织提供力所能及的物质和技术援助，体现了负责任大国的担当。我们要继续履行国际义务，发挥全球抗疫物资最大供应国作用，共同构建人类卫生健康共同体。2020 年 6 月 7 日，国务院新闻办公室发布《抗击新冠肺炎疫情的中国行动》白皮书，记录中国人民抗击疫情的伟大历程，讲述中国与世界各国的抗疫合作，系统地回应了国际社会关切，驳斥了境外势力的攻击指责。白皮书特别呼吁，共同构建人类卫生健康共同体。

构建人类卫生健康共同体是构建人类命运共同体的有机组成部分。冷战结束后，全球范围的传统安全问题相对得到缓解，公共健康安全等非传统安全问题凸显。近年来，全球先后遭受到甲型 H1N1 流感、中东呼吸综合征、埃博拉疫情、寨卡疫情等数次重大流行病冲击，每一次流行病的蔓延都对人民的生命健康、国际往来交流和世界经济发展造成了重大损失。病毒没有国籍，不分种族，在全球化进程不断深化的今天，流行病可以以更快的速度、更大的范围和更严重的后果在全球范围内蔓延，没有哪个国家、地区能独善其身、置身事外。此外，一些高发性慢性疾病如心脏病、中风、癌症等取代急性病成为威胁人类健康和生命的主要疾病。攻克高发性慢性病的科研成本高、研发周期长、资源投入量大，也需要各个国家携手合作、共担责任。

在世界卫生组织的协调下，面对高传染性、高致死率的重大突发疫情，世界各国可以迅速结成卫生健康共同体。仅2014—2015年抗击第一轮埃博拉疫情期间，全球就有数万名科学家、研究人员、志愿者和众多药品及医疗物资生产商参与，全球联手防控埃博拉疫情取得了良好效果。

习近平主席在第73届世界卫生大会视频会议开幕式上的致辞中提出六大倡议，为构建人类卫生健康共同体贡献了中国方案：第一，全力搞好疫情防控。加强信息分享，交流有益经验和做法，科学调配医疗力量和重要物资，尽快遏制疫情在全球蔓延态势。第二，发挥世卫组织领导作用。加大对世卫组织政治支持和资金投入，调动全球资源，打赢疫情阻击战。第三，加大对非洲国家支持。发展中国家特别是非洲国家公共卫生体系薄弱，向非洲国家提供更多物资、技术、人力支持，帮助他们筑牢防线。第四，加强全球公共卫生治理。完善公共卫生安全治理体系，提高突发公共卫生事件应急响应速度，建立全球和地区防疫物资储备中心。第五，恢复经济社会发展。要加强国际宏观经济政策协调，维护全球产业链供应链稳定畅通。第六，加强国际合作。人类是命运共同体，团结合作是战胜疫情最有力的武器。

84 应对人口老龄化国家战略

    "十四五"《纲要》明确提出"实施积极应对人口老龄化国家战略",这是在党的全会文件中首次将积极应对人口老龄化提升到国家战略高度。

    按照国际标准,65 岁以上老年人口占比超过 7% 就是老龄化社会。老龄化社会又分为轻度老龄化（7% 以上）、中度老龄化（14% 以上）和重度老龄化（21% 以上）。2019 年,我国 65 岁以上老年人口占比为 12.57%,预计在"十四五"时期将超过 14%,我国将进入中度老龄化阶段。应对人口老龄化国家战略是保障全国亿万老年人晚年生活的必然要求。老龄化社会的人口特征除了"老龄"还有"少子",即青少年人口偏少。进入 21 世纪以来,我国每年出生人口在 1600 万上下。全面两孩政策实施后,2016 年和 2017 年出生人口略有增长,分别出生 1786 万和 1723 万。但是,从 2018 年又开始下降,2018 年为 1523 万人,2019 年为 1465 万人。我国人口发展正在经历从数量压力到结构矛盾的转变。应对老龄化国家战略是维护国家人口安全、实现中华民族永续发展的重要举措。

    党的十八大以来,习近平总书记对积极应对人口老龄化作出了一系列重要指示批示，党中央作出了一系列部署安排，制定了国家积极应对人口老龄化中长期安排。"十四五"《纲要》对"十四五"时期实施积极应对人口老龄化国家战略提出了四个方面重点工作。一是优化生育政策，促进人口长期均衡发展，提高人口素质。这是积极应对人口老龄化、调整人口结构、延缓老龄化程度的根本之策。《纲要》提出，要"制定人口长期发展战略，优化生育政策，增强生育政策包容性，提高优生优育服务水平，发展普惠托育服务体系，降低生育、养育、教育成本，促进人口长期均衡发展，提高人口素质"，为解决人口结构性矛盾指明了方向。二是积极开发老龄人力资源，发展银发经济，创造"长寿红利"。这是积极应对人口老龄化的关键之举。《纲要》要求，要加快研究制定延迟退休方案，倡导终身发展理念，支持老年人老有所为，积极参与经济社会活动。要建立健全老年人社会保障体系，让老年人共享经济社会发展成果。三是推进基本养老服务，构建居家社区机构相协调、医养康养相结合的养老服务体系。这是积极应对人口老龄化的基础工程。探索建立面向社会大众的成本可负担、方便可及、质量可靠的普惠型养老服务，推动实现人人享有基本养老服务。四是弘扬优秀传统文化，支持鼓励家庭承担部分养老功能，发挥家庭养老基础作用。这是积极应对人口老龄化的重要力量，也是尊重我国文化传统、顺应广大老年人意愿的必然选择。

| 第十四篇 | **增进民生福祉**
提升共建共治共享水平

85 自治、法治、德治相结合的城乡基层治理体系

社会治理是国家治理的重要方面，基层是社会治理的基础和支撑。提升基层社会治理水平，是实现国家治理体系和治理能力现代化的重要环节。党的十八大以来，以习近平同志为核心的党中央相继提出一系列治国理政新理念、新思想、新战略，推动基层社会治理向法治化、现代化迈进。党的十八届三中全会通过《中共中央关于全面深化改革若干重大问题的决定》，在党的正式文件中第一次提出"社会治理"概念。党的十九大报告提出，要"推动社会治理重心向基层下移，发挥社会组织作用，实现政府治理和社会调节、居民自治良性互动"。党的十九届四中全会审议通过的《中共中央关于坚持和完善中国特色社会主义制度、推进国家治理体系和治理能力现代化若干重大问题的决定》，明确提出"构建基层社会治理新格局"，"健全党组织领导的自治、法治、德治相结合的城乡基层治理体系"。

自治、法治、德治相结合的城乡基层治理体系是在党的领导下的基层社会共治体系。在基层治理中，自治是共同治理体系的基本运行方式，人民群众在党的领导下对农村村级、城市社区公共事务和公益事业直接行使当家作主民主权利。城市和乡村中由

居民或村民选举产生的居民委员会或村民委员会是基层群众自治组织。自治意味着社会成员的自我约束、自我管理和自我规范。法治为基层政府、自治组织和群众提供行为指引，确保基层治理规范有序。党的十八届四中全会明确指出，全面推进依法治国，基础在基层，工作重点在基层。基层法治基础工作是让人民群众知法懂法，了解维护自身权益的法律规则体系。基层法治的重点工作是让群众树立法治观念，信法守法。只有让群众相信法律是公平公正的，他们才会遇事找法、维权靠法。做群众工作和解决矛盾纠纷时必须运用好法治思维和法治手段。德治是指强化道德教化作用，引导群众向上向善，结合时代要求对基层社会的道德规范进行创新。德治需要长期培育内化，让群众在参与道德实践中提升素养。

自治、法治和德治的结合并非简单的三者相加，而是将三者的功能更好地结合在一起，综合发挥作用。"三治"缺一不可。要把"三治"统一起来，将自治的生动灵活、利民便民，法治的权威公正、不偏不倚和德治的感化教育、价值引领结合起来。

健全"三治"结合的城乡基层治理体系，首先，要创新"三治"结合的有效载体，理顺政府与社会的关系，统筹社会各方面力量，将"三治"融入党委政府及其部门的全部基层治理工作中。其次，要扩大社会力量的有序参与。基层事务烦琐复杂，基层治理不能依靠基层政府大包大揽。应扩大社会力量有序参与，让社会力量积极发挥作用。最后，要完善群众参与基层社会治理的体制机制安排，形成一整套社会力量有序参与的制度体系。

86 就业优先政策

就业是民生之本。只有保障就业，才会有持续增长的收入和稳定的生活水平，才能实现对美好生活的向往。我国有 14 亿人口、9 亿劳动力，解决好就业问题，就是最大的民生。自 2020 年以来，面对新冠肺炎疫情的巨大冲击，党中央始终坚持人民至上、生命至上，采取各种措施稳就业、保民生，最终促使城镇新增就业 1186 万人，年末全国城镇调查失业率降至 5.2%，难能可贵。

就业是发展之基。一方面，劳动力与生产资料的有机结合是开启生产的前提，生产过程中劳动者主观能动性的充分发挥是提高劳动生产率的关键，只有实现更充分更高质量就业，才能为经济社会发展提供源源不断的物质基础；另一方面，就业与收入、收入与需求、需求与供给是相互关联的有机整体，稳定和促进就业，有助于畅通国民经济循环，推动经济发展。

"十四五"时期，我国进入新发展阶段，"十四五"《纲要》科学研判大势，充分把握规律，提出要"实施就业优先战略"，"强化就业优先政策"，意义重大。一是坚持经济发展就业导向，构建经济增长和促进就业的良性循环。在保持经济总量平稳增长、经济结构持续优化的同时，完善与就业容量挂钩的产业政策，支持吸纳就业能力强的服务业、中小微企业和劳动密集型企业发展，扩大就业容量，注重发展技能密集型产业，支持和规范发展新就业形态，提升就业质量。二是健全就业公共服务体系。针对新形势新任务新要求，打造覆盖全民、贯穿全程、辐射全域、便捷高效的全方位就业公共服务体系，满足社会求职招聘创业等多方面需要。三是缓解结构性就业矛盾，加快提升劳动者技能素质，全面提升劳动者就业创业能力。健全终身技能培训制度，实施职业技能提升行动和重点全体专项培训计划，完善技能人才培养、使用、评价和激励机制。四是完善重点群体就业支持体系，包括完善高校毕业生、退役军人、农民工等重点群体就业支持体系，着力帮扶残疾人、零就业家庭成员等困难人员就业。五是统筹城乡就业政策。针对城乡发展不平衡的现实状况和农民工工资水平偏低、稳定性较差、保障较弱等问题，推进就业制度平等、就业服务平等，加强权益维护。六是建立促进创业带动就业、多渠道灵活就业机制，持续优化营商环境，全面清理各类限制性政策，不断稳定和扩大就业。

就业是最大的民生，也是经济发展最基本的支撑。实施就业优先战略，强化就业优先政策是一项系统工程，应按照《纲要》的要求，把促进就业摆在更加突出的位置，健全有利于更充分更高质量就业的促进机制，切实抓好这个民生之本、发展之基和财富之源。

87 社会治理共同体

社会治理共同体是由多元行动主体在合作共治框架下共同组成的社会有机体。党的十九届四中全会提出，坚持和完善共建共治共享的社会治理制度，保持社会稳定、维护国家安全。建设人人有责、人人尽责、人人享有的社会治理共同体。2020年8月24日，习近平总书记在主持经济社会领域专家座谈会时，就正确认识和把握中长期经济社会发展重大问题发表重要讲话，强调"要完善共建共治共享的社会治理制度，实现政府治理同社会调节、居民自治良性互动，建设人人有责、人人尽责、人人享有的社会治理共同体。要加强和创新基层社会治理，使每个社会细胞都健康活跃，将矛盾纠纷化解在基层，将和谐稳定创建在基层"。党的十九届五中全会强调，要完善社会治理体系，建设人人有责、人人尽责、人人享有的社会治理共同体。这些重要论述为"十四五"时期有效适应社会结构、社会关系、社会行为方式、社会心理等深刻变化，进一步加强和创新社会治理、拓展社会发展新局面指明了方向，并提出了新的要求。

治理和管理一字之差，内涵不同。治理的原则是异中求同。对于公共事务，治理承认多元主体彼此之间的差异，尊重不同主体的不同看法与诉求，避免社会治理共同体被某一治理主体的意见所支配，多元主体通过参与和交流产生共同感，形成理性认识，以普遍认同的方式处理公共事务。这就要求社会治理既要本着政府、社会合作的原则，通过一系列的政策安排，为市场主体和各种社会力量提供更多的发挥优势的机会；也要增进党委、政府与市场主体和社会各方的互信及沟通，打破简单的管理与被管理的关系，促进各类主体平等协商、合作互动。

共建共治共享，是社会治理共同体的核心要义，三者相互交融、相互促进。共建是社会治理的基础，强调各类主体共同参与社会建设，系统治理、依法治理、源头治理、综合施策。共治是社会治理的关键，强调各类主体共同参与治理。党的十九届四中全会提出："完善党委领导、政府负责、民主协商、社会协同、公众参与、法治保障、科技支撑的社会治理体系"。这一论述更加明确了各类主体在社会治理中的关系和地位，要求充分发挥各级党委的领导核心作用，强化各级政府的主体责任，增强社会各方参与社会治理的能力和活力。共享是社会治理的目标，强调各类主体共同享有社会治理成果。习近平总书记指出，我们追求的发展是造福人民的发展，我们追求的富裕是全体人民共同富裕。改革发展搞得成功不成功，最终的判断标准是人民是否共同享受到了改革发展成果。因此，社会治理归根结底是增进人民福祉，实现公平正义，保障人民群众的合法权益，让全体人民共同享受发展和治理成果。

88 完善按要素分配政策制度

以按劳分配为主体、多种分配方式并存的分配制度是社会主义基本经济制度的重要方面，完善按要素分配政策制度能够有效调动各类生产要素的活力，实现各种市场主体各得其所，持续提高广大人民群众的收入水平，使他们共享改革发展成果，朝着共同富裕目标迈进。

按要素分配，需要明确哪些要素可以参与分配。以按劳分配为主体意味着劳动自然是参与分配的主要生产要素，改革开放之后，随着我国所有制结构的多元化，分配方式也逐渐多元化。1993 年党的十四届三中全会通过的《中共中央关于建立社会主义市场经济体制若干问题的决定》已经"允许属于个人的资本等生产要素参与收益分配"，1997 年党的十五大报告进一步明确，"允许和鼓励资本、技术等生产要素参与收益分配"，2002 年党的十六大报告要求"确立劳动、资本、技术和管理等生产要素按贡献参与分配的原则"。2013 年党的十八届三中全会和 2019 年党的十九届四中全会分别在原生产要素外延的基础上，引入知识、土地和数据等新要素，最终形成完整的生产要素体系，这是我们不断适应经济社会发展新形势，深化收入分配制度改革的结果。

按要素分配，必须明确要素参与分配的具体途径。党的十九届四中全会审议通过的《中共中央关于坚持和完善中国特色社会主义制度、推进国家治理体系和治理能力现代化若干重大问题的决定》提出"健全劳动、资本、土地、知识、技术、管理、数据等生产要素由市场评价贡献、按贡献决定报酬的机制"，进一步明确了生产要素贡献的评价方式和获得报酬的体制机制，体现了"充分发挥市场在资源配置中的决定性作用"的原则和方向。

完善按要素分配政策制度，首先，应当科学界定各生产要素的归属与权利。改革开放以来，通过大力推进产权制度改革，我国基本形成了归属清晰、权责明确、保护严格、流转顺畅的现代产权制度和产权保护法律框架，同时也要看到，我国产权保护仍然存在一些薄弱环节和问题，进一步完善相关法律法规，特别是针对诸如数据等新生产要素的特点，严格界定并保护所有权、占有权、使用权、支配权、收益权和处置权等一系列权利，是生产要素参与生产并获得收入的前提。其次，建立健全统一的要素市场，畅通要素供求渠道。加快清理废除妨碍统一市场和要素自由流动的各项规定和做法，打破城乡分割、区域分割和市场壁垒，使市场价格客观反映市场供求关系和资源稀缺程度，进而准确评价生产要素贡献。最后，根据不同要素的性质和时代发展要求，有重点地补齐现行政策制度上的短板，比如，健全以创新能力、质量、贡献为导向的科技人才评价体系；推广员工持股制度；探索农村宅基地"三权分置"；拓宽城乡居民获得动产、不动产收益的渠道；等等。

89 健全多层次社会保障体系

1993 年，党的十四届三中全会通过的《中共中央关于建立社会主义市场经济体制若干问题的决定》提出建立多层次社会保障体系，将其作为社会主义市场经济体制的重要保障制度，对社会保障体系的内容作了具体安排，包括社会保险、社会救济、社会福利、优抚安置、社会互助和个人储蓄积累保障。

随着经济社会的不断发展，社会保障制度建设在党和国家事业发展总体布局中的角色不断转变，逐步从国有企业改革的配套措施发展成为国家的一项重要社会经济制度。党的十八大以来，社会保障体系建设提速，覆盖城乡居民的社会保障体系基本建立，保障项目日益完备。

"十四五"《纲要》提出健全多层次社会保障体系，按照兜底线、织密网、建机制的要求，加快健全覆盖全民、统筹城乡、公平统一、可持续的多层次社会保障体系。健全的中国特色社会保障体系是一个由政府、市场、社会各负其责却又有机协同的多层次体系。第一层次是法定保障。包括法定的社会救助、社会保险与社会福利及相关服务，是我国社会保障体系的核心部分。通过第一层次的保障可以避免公民因年老、疾病、失业、工伤、贫困及天灾人祸等风险而使生活陷入困顿。第二层次是政策性保障。包括企业或职业年金、补充医疗保险，公益性养老服务与儿童、妇女、残疾人福利事业，经济适用房等。这一层次是在相关政策支持下由市场主体、社会组织提供的具有公益性的保障项目。第三层次是商业保险和营利性服务。包括商业性养老金、商业性健康保险、营利性养老服务、营利性儿童服务、营利性残疾人服务等。这一层次是满足城乡居民较高层次的个性化福利需求，并按照自愿平等交易、责任自负、谁受益谁付费原则推行的保障项目。

健全多层次社会保障体系的当务之急是通过制度建设解决社会保障体系中的一些突出问题：一是尽快实现基本养老保险全国统筹，实施渐进式延迟法定退休年龄。全国统筹有利于均衡区域间养老负担、提升制度保障能力、增强制度保障公平性，是有效应对人口老龄化的重要制度安排。二是尽快完善低保制度，真正兜住低收入困难群体的民生底线。三是健全基本养老服务体系。立足社区，加大公共投入，将现代社会化养老服务与传统敬老孝老的家庭型养老保障有机结合起来。社会化养老服务要区分基本养老服务和非基本养老服务，政府负责基本养老服务，非基本养老服务调动社会力量参与。放开社会投资渠道，充分调动市场资源与社会资源，不断壮大支撑养老服务。四是健全灵活就业人员社会保障制度。通过适应灵活就业方式的社保缴费政策和制度安排，简化优化服务方式，切实提高灵活就业人员的保障水平。

90 全体人民共同富裕

　　"十四五"《建议》在 2035 年基本实现社会主义现代化远景目标中提出"全体人民共同富裕取得更为明显的实质性进展"，在改善人民生活品质部分突出强调"扎实推动共同富裕"，这样的表述，在党的全会文件中是第一次。《纲要》有六处提到"共同富裕"，在阐述"十四五"时期经济社会发展主要目标时承诺"全体人民共同富裕迈出坚实步伐"，与《建议》相互衔接，形成有机整体。

　　共同富裕是社会主义的本质要求。新中国成立以来，党领导人民围绕"什么是社会主义、怎样建设社会主义"进行了辛勤探索，在总结经验教训的基础上，从马克思主义基本原理和方法论出发，明确"贫穷不是社会主义"，"社会主义的本质，就是解放生产力，发展生产力，消灭剥削，消除两极分化，最终达到共同富裕"，为社会主义建设指明了方向。党的十八大以来，习近平总书记也多次强调共同富裕"是中国特色社会主义的根本原则"，"是社会主义的本质要求"，要脚踏实地，久久为功。

　　共同富裕是人民群众的共同期盼。随着生产力的进步和收入水平的提高，人民群众也有了新要求、新期待。实现共同富裕，让发展成果更多更公平惠及全体人民，才能推动人的全面发展、社会全面进步，不断提高人民群众的获得感、幸福感、安全感。

共同富裕是中国共产党始终不渝的奋斗目标。党领导人民推动经济社会发展，归根结底是要实现全体人民共同富裕。新中国成立以来特别是改革开放以来，党始终坚持团结带领人民向着实现共同富裕的目标不懈努力。党的十八大以来，习近平总书记提出"人民对美好生活的向往，就是我们的奋斗目标"，成功使现行标准下农村贫困人口全部脱贫，这是促进全体人民共同富裕的一项重大举措。随着我国全面建成小康社会、开启全面建设社会主义现代化国家新征程，要明确共同富裕本身就是社会主义现代化的一个重要目标，在实现现代化过程中不断推进。

促进全体人民共同富裕是一项长期任务，也是一项现实任务。一是要坚定不移把发展作为党执政兴国的第一要务，完整、准确、全面贯彻新发展理念，构建实体经济、科技创新、现代金融、人力资源协同发展的现代产业体系，推动实现经济高质量发展，为共同富裕奠定坚实的物质基础。二是要突出工作重点，自觉主动解决地区差距、城乡差距、收入差距等问题，坚持在发展中保障和改善民生，统筹做好就业、收入分配、教育、社保、医疗、住房、养老、扶幼等关系民生、关乎社会公平正义的事情上，推动在幼有所育、学有所教、劳有所得、病有所医、老有所养、住有所居、弱有所扶上持续取得新进展。三是要统筹考虑，加强薄弱环节，更加注重向农村、基层、欠发达地区倾斜，向困难群众倾斜，促进社会公平正义。四是履行好政府再分配调节职能，健全基本公共服务体系，完善共建共治共享的社会治理制度。

91 改善收入和财富分配格局

"十四五"《纲要》把"提高人民收入水平","改善收入和财富分配格局"摆在突出位置，充分展现了我们党坚守初心和使命、让改革发展成果更多更公平惠及全体人民的执政理念。

改善收入和财富分配格局是缓解收入分配差距较大的迫切要求。当前，在人民生活水平得到明显提高的同时，发展不平衡不充分、收入分配差距较大的问题依然突出，2019 年我国居民收入基尼系数为 0.465，仍处于 0.4 的国际警戒线之上。考虑到收入差距扩大对消费和增长的不利影响，以及在社会层面产生的负面效应，改善收入和财富分配格局意义重大。

改善收入和财富分配格局是构建新发展格局的现实需要。近年来，随着全球政治经济环境变化，逆全球化趋势加剧，再加上新冠肺炎疫情在全球持续扩散蔓延，世界经济衰退严重，对我国发展提出巨大挑战。"十四五"《纲要》明确提出构建新发展格局，"坚持扩大内需这个战略基点，加快培育完整内需体系"，而改善收入和财富分配格局是激发国内巨大需求潜力、提高居民消费水平，形成需求牵引供给、供给创造需求的关键。

改善收入和财富分配格局是实现共同富裕的基本前提。广大人民群众共享改革发展成果，是社会主义的本质要求，是我们党坚持全心全意为人民服务根本宗旨的重要体现，习近平总书记强调，"共同富裕路上，一个也不能掉队"，因此必须自觉主动解决收入差距问题，改善收入和财富分配格局。

改善收入和财富分配格局关键在于统筹三次分配领域，从三次分配领域特点、功能、途径入手，使其既各自形成体系、顺畅运转，又有效衔接、互联互助，实现居民收入增长和经济增长基本同步、劳动报酬提高和劳动生产率提高基本同步。一是健全工资决定、合理增长和支付保障机制，完善最低工资标准和工资指导线形成机制，推行工资集体协商制度，着重保护劳动所得，提高劳动报酬在初次分配中的比重。二是完善按要素分配政策制度，健全劳动、资本、土地、知识、技术、管理、数据等各类生产要素由市场评价贡献、按贡献决定报酬的机制，多渠道增加城乡居民财产性收入。三是完善再分配调节机制，加大税收、社保、转移支付等调节力度和精准性，比如健全直接税体系，合理调节城乡、区域、不同群体间分配关系；稳步提高社会保障水平，完善兜底保障标准动态调整机制；加大对相对贫困地区和群体的转移支付力度；合理调节过高收入，取缔非法收入；等等。四是发挥第三次分配作用，培育发展慈善组织，发挥慈善财产在扶老、救孤、恤病、助残、扶贫、济困、优抚等方面的作用；健全志愿服务体系，广泛开展志愿服务关爱行动。

92 市域社会治理现代化

党的十九届四中全会审议通过的《中共中央关于坚持和完善中国特色社会主义制度推进国家治理体系和治理能力现代化若干重大问题的决定》，首次明确提出了加快推进市域社会治理现代化。"十四五"规划《建议》提出，"加强和创新市域社会治理，推进市域社会治理现代化。"这是推进国家治理体系和治理能力现代化，加强和创新社会治理的重大战略举措。

我国的城镇化进程仍在持续。2019 年末，全国城镇常住人口达到 84843 万人，占总人口的 60.6%。根据测算，最终我国的城镇化率可能达到 75% 左右。在这场人类历史上规模最大、速度最快的城镇化进程中，我国多数城市出现了城市、乡村两种社会治理形态并存的问题，交通拥堵、住房紧张、环境污染、秩序混乱等"城市病"普遍存在。提升城市治理现代化水平、破解"城市病"，迫切需要发挥市域这个中观层级，发挥其权限大小适中，资源容量适当，统筹协调能力较强的优势，起到以城带乡、以点带面、以上带下的作用。

按照中央关于社会治理现代化的总体要求，市域社会治理是指在设区的城市区域范围内社会治理主体（党委、政府、群团组织、经济组织、社会组织、自治组织、公民）在形成合作性关系的基础上，运用社会控制手段化解市域社会风险隐患、解决市域社会矛盾问题，以促进市域社会和谐稳定的一种枢纽性基层社会治理，是国家治理的重要基石。

市域社会治理现代化是国家对推进社会治理现代化的总体要求在市域范围内的具体体现。以设区的城市为治理单位，发挥市级层级"掌舵者"作用，在市域范围内筹谋推动、探索实践的基层社会治理，也是突出治理理念现代化、治理体系现代化、治理能力现代化，着力提升市域社会治理社会化、法治化、智能化和专业化水平的发展过程。市域社会治理社会化，即通过充分发挥各级党委领导核心作用，在市域范围内形成有效整合社会资源、动员社会力量参与共建共治共享的社会治理格局；市域社会治理法治化，即强化市域社会治理的法治思维，夯实执法履职的法治能力，构建形成系统完备、科学规范的市域社会治理法治体系；市域社会治理智能化，即积极推进市域信息基础建设，善用数字化技术，精准对接治理诉求，打造基于大数据构建多主体协同、信息均衡、数据驱动的市域社会治理智治体系；市域社会治理专业化，即在市域范围内加大社会治理人才队伍的专业化培养，规范职业标准，建成市域社会治理人才体系。

93 新时代"枫桥经验"

20 世纪 60 年代初，浙江省绍兴市诸暨县（现诸暨市）枫桥镇干部群众创造了"发动和依靠群众，坚持矛盾不上交，就地解决，实现捕人少，治安好"的"枫桥经验"。为此，1963 年毛泽东同志就曾亲笔批示"要各地仿效，经过试点，推广去做"。"枫桥经验"由此成为全国政法战线一个脍炙人口的典型。之后，"枫桥经验"得到不断发展，创造了"立足基层组织，整合力量资源，就地化解矛盾，保障民生民安"的新经验，建立了"治安联防、矛盾联调、问题联治、事件联处、平安联创"的新机制，形成了"党政动手、依靠群众、源头预防、依法治理、减少矛盾、促进和谐"的新格局。关于新时代"枫桥经验"，习近平同志特别强调，要牢固树立"发展是硬道理、稳定是硬任务"的政治意识，充分珍惜"枫桥经验"，大力推广"枫桥经验"，不断创新"枫桥经验"，切实维护社会稳定。各级党委和政府要充分认识"枫桥经验"的重大意义，发扬优良作风，适应时代要求，创新群众工作方法，善于运用法治思维和法治方式解决涉及群众切身利益的矛盾和问题，把"枫桥经验"坚持好、发展好，把党的群众路线坚持好、贯彻好。

"十四五"期间，需要发挥基层桥头堡功能，坚持和发展新时代"枫桥经验"，把小矛盾小问题化解在基层、化解在萌芽状态。"枫桥经验"最突出的特点，就是牢牢抓住基层基础这一本源，最大限度地把矛盾风险防范化解在基层，实现小事不出村、大事不出镇、矛盾不上交。树立强基固本思想，坚持重心下移、力量下沉、资源下投，建立健全富有活力和效率的新型基层治理体系。向基层放权赋能，制定权责清单，进一步厘清不同层级、部门、岗位之间的职责边界，把更多行政执法管理和公共服务职权下放到乡镇街道。构建网格化管理、精细化服务、信息化支撑、开放共享的基层管理服务平台。加强基层社会治理队伍建设，培育基层党组织带头人，加强对城乡社区工作者和网格管理员队伍的教育培训、规范管理、职业保障、表彰奖励，有效激发工作积极性。

| 第十五篇 |　**统筹发展和安全**
　　　　　　　建设更高水平的平安中国

94 平安中国

建设更高水平的平安中国，是以习近平同志为核心的党中央作出的战略擘画。党的十八大以来，习近平总书记对建设平安中国作出一系列重要指示，亲自批准成立平安中国建设协调小组，指引平安中国建设取得显著成就，走出了一条中国特色社会主义社会治理之路。

"十四五"期间，建设更高水平的平安中国具有丰富的内涵：一是更高起点，谱写经济快速发展、社会长期稳定"两大奇迹"的新篇章，要加强顶层设计，提升平安中国建设的层次和质效；二是更广领域，突出"大平安"理念，统筹发展和安全，统筹内部安全和外部安全，统筹传统安全和非传统安全；三是更富实效，既要更快更好地解决突出问题，又要更有力更有效地从源头上进行预防，提升防范化解各类风险的能力水平；四是更可持续，实现从被动维稳向主动创稳、从静态平安向动态平安、从一时平安向长治久安的转变；五是更加满意，紧扣人民群众对平安建设的关切和感受，在共建共治共享中不断提升人民群众的获得感、幸福感、安全感。

习近平同志指出，2020 年是决胜全面建成小康社会、决战脱贫攻坚之年。要把维护国家政治安全放在第一位，继续推进扫黑除恶专项斗争，着力推进市域社会治理现代化试点，努力建设更高水平的平安中国、法治中国。党的十九大报告中强调："坚持在发展中保障和改善民生。增进民生福祉是发展的根本目的。必须多谋民生之利、多解民生之忧，在发展中补齐民生短板、促进社会公平正义，在幼有所育、学有所教、劳有所得、病有所医、老有所养、住有所居、弱有所扶上不断取得新进展，深入开展脱贫攻坚，保证全体人民在共建共享发展中有更多获得感，不断促进人的全面发展、全体人民共同富裕。建设平安中国，加强和创新社会治理，维护社会和谐稳定，确保国家长治久安、人民安居乐业。"

习近平同志对平安中国建设作出重要指示，"建设更高水平的平安中国意义重大。各地区各有关部门要认真贯彻党的十九届五中全会精神，落实总体国家安全观，坚持共建共治共享方向，聚焦影响国家安全、社会安定、人民安宁的突出问题，深入推进市域社会治理现代化，深化平安创建活动，加强基层组织、基础工作、基本能力建设，全面提升平安中国建设科学化、社会化、法治化、智能化水平，不断增强人民群众获得感、幸福感、安全感。各级党委和政府要加强对平安建设的组织领导，研究解决体制性、机制性、政策性问题，切实肩负起促一方发展、保一方平安的政治责任。"

95 营造风清气正的良好政治生态

习近平同志指出，改进工作作风，就是要净化政治生态，营造廉洁从政的良好环境。做好各方面工作，必须有一个良好政治生态。政治生态污浊，从政环境就恶劣；政治生态清明，从政环境就优良。政治生态和自然生态一样，稍不注意，就很容易受到污染，一旦出现问题，再想恢复就要付出很大代价。政治生态好，人心就顺、正气就足；政治生态不好，就会人心涣散、弊病丛生。党的十八大以来，以习近平同志为核心的党中央深入推进全面从严治党，严厉整治"四风"，党的作风建设、纪律建设、反腐败斗争取得显著成效，深得党心军心民心。

"十四五"期间，营造风清气正的良好政治生态，首先，必须完善党和国家监督体系，以政治监督为重点，以党内监督为主导，整合各类监督力量，依规依纪依法、精准科学监督执纪问责，全面加强对公权力运行的制约和监督，增强监督合力和效力。要坚持系统谋划、多措并举、标本兼治，实行思想教育、管理监督、严厉惩处共同发力，一体推进不敢腐、不能腐、不想腐。

其次，必须高质量抓好党的政治、思想、组织、作风和纪律建设。只有高质量抓好党的政治建设，才能增强党组织的政治功能和组织功能，确保党的全面领导和党中央集中统一领导落地落实，充分发挥党推动经济社会发展的强大政治优势和组织优势。只有高质量抓好党的思想建设，才能有效发挥党的科学理论的实践伟力，使经济社会发展在科学的轨道上向前推进。只有高质量抓好党的组织建设，才能配强领导班子这个经济社会发展的决策层和指挥部，在经济社会发展中充分发挥广大党员的先锋模范作用、广大干部的骨干中坚作用和广大人才的战略支撑作用。只有高质量抓好党的作风建设，才能保持党同人民群众的血肉联系，广泛凝聚人民群众推动经济社会发展的智慧和力量。只有高质量抓好党的纪律建设和反腐败斗争，才能营造和维护经济社会发展的良好政治生态，增强人民群众对经济社会发展的信心。

最后，必须加强权力监督，保证公权力正确行使，更好促进干部履职尽责、干事创业。一方面，要管住乱用滥用权力的渎职行为；另一方面，要管住不用弃用权力的失职行为，整治不担当、不作为、慢作为、假作为，注意保护那些敢于负责、敢于担当作为的干部，对那些受到诬告陷害的干部要及时予以澄清，形成激浊扬清、干事创业的良好政治生态。

96 国家经济安全

　　"十四五"时期确保国家经济安全，是在全面建成小康社会基础上开启全面建设社会主义现代化国家新征程的战略要求，是维护国家经济利益和人民长期利益的重大任务，是推动高质量发展、建设现代化经济体系的必要保障，是构建以国内大循环为主体、国内国际双循环相互促进新发展格局的重要举措。

　　国家经济安全是国家安全体系的重要组成部分，是指经济全球化时代一国保持其经济存在和发展所需资源有效供给、经济体系独立稳定运行、整体经济福利不受恶意侵害和不可抗力损害的状态和能力，是指一国的国民经济发展和经济实力处于不受根本威胁的状态。它包括两个方面：一是指国内经济安全，即一国经济处于稳定、均衡和持续发展的正常状态；二是指国际经济安全，即一国经济发展所依赖的国外资源和市场的稳定与持续，免于供给中断或价格剧烈波动而产生的突然打击，散布于世界各地的市场和投资等商业利益不受威胁。

　　确保国家经济安全，必须坚持总体国家安全观，从国家主权、安全、发展利益的高度谋划和推进；坚持中国特色社会主义经济制度不动摇，不断完善社会主义市场经济体制；坚持发展第一要务，贯彻新发展理念，保证经济持续健康发展；坚持在对外开放中以我为主发展经济，不断提高国家经济整体实力、竞争力和抵御内外部冲击和威胁的能力；坚持积极防范的方针，重点防控各种重大风险挑战，保护国家根本利益不受损害；坚持统筹发展和安全，运用发展成果夯实安全的经济基础，塑造有利于发展的安全环境。

习近平同志指出，国际经济合作和竞争局面正在发生深刻变化，全球经济治理体系和规则正在面临重大调整，引进来、走出去在深度、广度、节奏上都是过去所不可比拟的，应对外部经济风险、维护国家经济安全的压力也是过去所不能比拟的。现在的问题不是要不要对外开放，而是如何提高对外开放的质量和发展的内外联动性。习近平同志特别强调，只有把核心技术掌握在自己手中，才能真正掌握竞争和发展的主动权，才能从根本上保障国家经济安全、国防安全和其他安全。要顺应我国经济深度融入世界经济的趋势，发展更高层次的开放型经济，积极参与全球经济治理，促进国际经济秩序朝着平等公正、合作共赢的方向发展。同时，我们要坚决维护我国发展利益，积极防范各种风险，确保国家经济安全。

97 构建海外利益保护和风险预警防范体系

自 2001 年中国首次提出"走出去"战略，特别是 2013 年中国提出"一带一路"倡议以来，在共商共建共享原则的指导下，中国海外投资规模迅速扩大，实现了历史性转变，由全球引进外资大国转变成引进外资大国和对外投资大国并重。随着中国海外利益的拓展，中国海外利益面临的安全风险同步增加，中国海外利益的敏感性和脆弱性日渐显现，其维护和拓展面临着巨大挑战。这些挑战既来源于细微之处，亦来源于战略层面。从细微之处说，中国公民出国旅游与办公越来越常见，中国公民遭遇安全威胁的事件却屡有发生。从战略层面上看，中国海外资产的规模在扩张，海外资源的分量和重要性在迅速上升，但中国的相关保护手段和能力严重不足。对此，党和国家领导人高度重视并强调要加强海外利益保护工作，2015 年 10 月，十八届五中全会通过的《中共中央关于制定国民经济和社会发展第十三个五年规划的建议》首次提出"构建海外利益保护体系"。2019 年 10 月，党的十九届四中全会又提出"构建海外利益保护和风险预警防范体系，完善领事保护工作机制"。

中国海外利益保护和风险预警防范体系的构建围绕境外安全

风险的动态性、经验性、可管控以及未知性等四个维度展开，相应构建评测监管机制、研判协同机制、化解转移机制和发展完善机制，来体系化观察和应对境外安全风险。在此基础上，通过责任追究和激励机制的耦合，促使相关责任者在风险预警防范工作中尽职履责、积极作为，为中国国家利益在海外延伸提供制度保障和安全防护。同时，构建海外利益保护和风险预警防范体系还需要加强海外利益保护领域的理论研究和应用研究，准确把握"走出去"的中国企业安全需求，科学全面地设计各种安全产品，积极探索海外利益保护专业人才培养体系，科学论证并认真谋划筹建海外利益保护培训基地。

大国崛起必然伴随国家海外利益的延伸和拓展，英国、西班牙、荷兰、美国在不同时期均有自身的崛起模式，同时也建立起了相应的海外利益保障机制。大国崛起过程机遇与挑战并存，当扩张到保障机制无法支撑的边界，风险的边际成本剧增，而收益骤减。此时，外部威胁与内部脆弱性的对比明显失衡，安全平衡状态被打破，安全风险事件的爆发只是时间问题。总体上，海外经济利益保护机制是由国家安全战略统领，以具体政策法规为依托，由多种形式的组织或单元落实的一张巨型网络。第二次世界大战以后，以美国为主导的发达国家通过各种协议与机制在保护资本扩张、海外直接投资以及资源应用与开发等方面都收益颇丰，形成了以法律法规为依据、以行政手段为依托、以军事力量为后盾、以文化价值观输出为保障的海外经济利益保护体系。这些国家的经验值得中国在"一带一路"倡议推进过程与海外利益保护方面吸纳创新。

98 促进国防实力和经济实力同步提升

党的十九届五中全会明确提出，要"促进国防实力和经济实力同步提升"。这一重要论断阐明了新时代经济建设和国防建设协调发展的战略目标和重大任务，立起了强国兴军大方略，为锻造有效捍卫国家主权、安全、发展利益的战略能力，实现富国强军相统一提供了根本遵循。

首先，促进国防实力和经济实力同步提升，是防范和化解影响我国现代化进程的各种风险的客观需要。当今世界正经历百年未有之大变局，我国安全环境日趋复杂，各种安全威胁相互交织，特别是随着我国经济实力、科技实力、综合国力和国际影响力不断增强，有效捍卫国家主权、安全、发展利益的使命任务也越来越重。

其次，促进国防实力和经济实力同步提升，是实现国民经济循环畅通的内在要求。我国经济发展已进入高质量发展新阶段，迫切需要更好发挥国防建设对经济建设的溢出效应和拉动作用，打造发展新引擎，拓展发展新空间，培育发展新动能。只有通过国家战略层面的体系整合，才能有效提升国家政治、经济、军事、外交、文化等多种战略资源和实力的综合运用，加快国家高质量发展和国民经济"双循环"新格局的形成。

在处理国防实力与经济实力关系的实践中，我们强调国防实力和经济实力"同步提升"，这绝非简单的"同时提升"和"同比提升"。一要目标协同，即国防实力和经济实力发展目标任务的协调一致。国防实力和经济实力，分别代表国家安全利益和发展利益，要"同步提升"，必须"统筹谋划"，实现国家发展和安全统筹谋划、经济建设和国防建设整体推进、经济力量和国防力量一体运用，达成国家大体系集成效益和国家战略收益最大化。

二要时序同步，即国防和经济两大实力发展时序上共生共进。安全与发展是国家两大基本战略目标，是体现国家根本利益的一块"整钢"。历史证明，在国家战略全局中，安全与发展不是主次从属的关系，也不是轻重先后的关系，而是共生共亡、枯荣与共的关系，是相互保障、相互促进的关系。

三要资源均衡，即国家战略资源在国防和经济两大类配置上达成均衡。配置"均衡"不是分配"平均"，而是指两大实力建设资源各与其发展目标、发展时序的匹配均衡，能够形成促进国防实力与经济实力同步发展的资源合理配置比例。

四要系统兼容，即在国防和经济两大实力建设之间构建一个兼容开放系统。国防实力和经济实力形成主要通过三个资源配置环节：国家资源在经济和国防两大领域的初次分配，形成国防投入规模；资源在国防系统内不同部门和不同用途之间的二次配置，形成国防实力和军队战斗力；国防和军队系统与国家经济社会系统之间因要素流动而引起的资源再配置。

99 健全社会心理服务体系和危机干预机制

党的十九大报告指出："加强社会心理服务体系建设，培育自尊自信、理性平和、积极向上的社会心态。"党的十九届四中全会通过的《中共中央关于坚持和完善中国特色社会主义制度、推进国家治理体系和治理能力现代化若干重大问题的决定》再次强调："健全社会心理服务体系和危机干预机制，完善社会矛盾纠纷多元预防调处化解综合机制。"社会心理服务体系建设不仅是新时代社会治理创新的重要内容，而且是新时代社会治理创新的重要手段。

社会心理服务体系是社会治理格局的重要组成部分，目标是解决社会心理问题，培育自尊自信、理性平和、积极向上的社会心态。社会心理服务体系涵盖个体层次和群体层次两部分内容，其服务对象既有微观个体也有宏观群体。无论是针对个体的心理服务还是面向群体的心理服务，其工作目标都是解决社会心理问题，引导社会价值理念，化解社会矛盾。

社会心理服务体系包括社会心理监测、引导、化解和危机干预四个子系统。社会心理监测系统是指利用心理测验与现代信息技术对个体与群体内在心理活动进行测量与评价，它包括个体心理测验与群体心态监测；社会心理引导系统是指利用社会心理专业技术对个体与群体心理倾向进行符合社会积极价值观念方向的教育和引导，它包括个体心理教育和群体心态引导；社会心理化解系统亦可称为社会心理健康服务系统，是指通过心理健康服务对个体异常心理与群体偏差心理进行调适与矫正，它包括个体心理健康服务与群体心理健康服务；社会心理危机干预系统是指通过专门的社会心理应急组织对突发性个体心理危机与群体心理危机进行及时的应急干预。

中国社会正处于从传统社会向现代社会转型的过程中。社会转型对人们产生的影响是多方面的，在生活质量不断提高的同时竞争的压力也日益加剧。当人们的消极情绪缺乏引导途径和宣泄渠道时，就会出现痛苦、焦虑、抑郁以及无助等心理问题，严重者甚至可能导致自杀、报复社会等极端行为。在社会转型期社会心理危机不容忽视，建立相应的干预机制是社会心理服务体系的必要组成部分。社会心理危机干预机制包括事前的社会心理问题监测和评估机制、事后心理辅导和应急干预机制。心理危机干预以专业力量为支撑，民间组织和志愿者积极参与，规范心理应急干预流程，动员并协调好专业力量和社会资源，对亟须心理干预的事件当事人开展针对性的分类干预，确保应急心理危机干预的实效。

100 形成推动发展的强大合力

党的十九届五中全会强调，实现"十四五"规划和 2035 年远景目标，"必须坚持党的全面领导，充分调动一切积极因素，广泛团结一切可以团结的力量，形成推动发展的强大合力。"这是推动我国经济社会发展必须遵循的原则，也是推动全面建设社会主义现代化国家开好局、起好步的根本保证。

形成推动发展的强大合力，第一，要加强党对社会主义现代化建设的全面领导。各级领导干部必须立足中华民族伟大复兴战略全局和世界百年未有之大变局，心怀"国之大者"，不断提高政治判断力、政治领悟力、政治执行力，不断提高把握新发展阶段、贯彻新发展理念、构建新发展格局的政治能力、战略眼光、专业水平，敢于担当、善于作为，把党中央决策部署贯彻落实好。

第二，要坚持和完善中国共产党领导的多党合作和政治协商制度。习近平同志指出："中国共产党领导的多党合作和政治协商制度，既强调中国共产党的领导，也强调发扬社会主义民主。政治协商、民主监督、参政议政，就是这种民主最基本的体现。"各民主党派要深刻认识中国共产党领导的多党合作和政治协商制度的优越性，进一步增强"四个意识"，坚定"四个自信"，做到"两个维护"，自觉坚持和维护中国共产党的领导，形成"众星捧月"的政治格局。

第三，要全面贯彻党的宗教政策，发挥工会、共青团、妇联等人民团体作用，完善大统战工作格局。必须始终坚持中国特色社会主义宗教理论，坚持党的宗教工作基本方针，牢牢掌握宗教工作的主动权主导权话语权，要健全同党外知识分子的沟通联络机制，加强教育引导，拓宽他们建言献策、参与社会治理和社会服务的渠道。要按照"组织起来"的工作思路，加强与新的社会阶层人士沟通联系，鼓励支持他们创业创新，充分调动服务党和国家事业发展的积极性。

第四，要促进党政关系、民族关系、阶层关系、海内外同胞关系和谐，巩固和发展大团结大联合局面。要坚决维护中央对特别行政区全面管治权和保障特别行政区高度自治权，把发挥祖国内地坚强后盾作用和提高特别行政区自身竞争力结合起来，壮大爱国爱港、爱国爱澳力量，增强香港、澳门同胞的国家意识和爱国精神，保持香港、澳门长期繁荣稳定；贯彻执行中央对台工作大政方针，坚持一个中国原则，推动两岸就和平发展达成制度性安排，完善促进两岸交流合作、深化两岸融合发展、保障台湾同胞福祉的制度安排和政策措施，坚定推进祖国和平统一进程；把握凝聚侨心侨力同圆共享中国梦这一新时代侨务工作主题，建立健全团结引导广大海外侨胞和归侨侨眷的工作机制，发挥他们在支持祖国发展、遏制分裂势力、传承中华文化、助力对外交往中的积极作用。

后 记

学习贯彻《中华人民共和国国民经济和社会发展第十四个五年规划和 2035 年远景目标纲要》是当前和今后一个时期的重大政治任务。为了帮助广大干部群众精准把握"十四五"《纲要》要义，人民出版社委托中央党校（国家行政学院）经济学教研部组织专家精选出 100 个关键词并给予准确释义，从而形成了这个"十四五"《纲要》学习读本。其中，序言部分和第 1—10 词条由韩保江撰写；第 11—18 词条由陈宇学撰写；第 19—24 词条由杨振撰写；第 25—28 词条由周跃辉撰写；第 29—31、41 词条由郭威撰写；第 33—38 词条由张慧君撰写；第 42—44、53—55、70 词条由高惺惟撰写；第 45—52 词条由邹一南撰写；第 57—58、73—75 词条由蔡之兵撰写；第 59、60 词条由张春晓撰写；第 61—69、71—72 词条由汪彬撰写；第 76—79、99 词条由马小芳撰写；第 80—84 词条由袁辉撰写；第 85—91、96 词条由李蕾撰写；第 92、93、97、100 词条由刘艳梅撰写；第 98 词条由季自立撰写。最后由我和汪彬统一协调定稿。

最后，我们要感谢人民出版社辛广伟总编辑的信任，感谢责任编辑宰艳红，是她的耐心督促才使得本书及时交稿。我们在撰写词条的过程中学习借鉴了现存文献中对相关词汇的解释或定义，特此表示感谢！

韩保江

2021 年 3 月 20 日

责任编辑：宰艳红

版式设计：汪　莹

图书在版编目（CIP）数据

"十四五"《纲要》新概念：读懂"十四五"的 100 个关键词 / 中共中央党校经济学教研部 组织编写；韩保江 主编 . — 北京：人民出版社，2021.5（2022.3 重印）

ISBN 978－7－01－023408－3

I.①十… II.①中…②韩… III.①国民经济计划－五年计划－中国－2021-2025-学习参考资料②社会发展－五年计划－中国－2021-2025-学习参考资料③社会主义建设－现代化建设－远景规划－中国－2021-2035-学习参考资料 IV.① F123.399 ② D61

中国版本图书馆 CIP 数据核字（2021）第 082210 号

"十四五"《纲要》新概念

SHISIWU GANGYAO XIN GAINIAN

——读懂"十四五"的 100 个关键词

中共中央党校（国家行政学院）经济学教研部　编写

韩保江　主编

人民出版社 出版发行

（100706 北京市东城区隆福寺街 99 号）

中煤（北京）印务有限公司印刷　新华书店经销

2021 年 5 月第 1 版　2022 年 3 月北京第 2 次印刷

开本：880 毫米 ×1230 毫米 1/32 印张：7.875

字数：180 千字

ISBN 978－7－01－023408－3　定价：35.00 元

邮购地址 100706　北京市东城区隆福寺街 99 号

人民东方图书销售中心　电话（010）65250042　65289539